金牌内训师
工作法则

课程
轻复制

李雄 著

中华工商联合出版社

图书在版编目（CIP）数据

金牌内训师工作法则. 课程轻复制 / 李雄著. -- 北京：中华工商联合出版社，2024.2
ISBN 978-7-5158-3861-8

Ⅰ. ①金… Ⅱ. ①李… Ⅲ. ①企业管理—职工培训 Ⅳ. ①F272.921

中国国家版本馆CIP数据核字（2024）第026561号

金牌内训师工作法则. 课程轻复制

作　　　者：	李　雄
出 品 人：	刘　刚
图 书 策 划：	蓝色畅想
责 任 编 辑：	吴建新　林　立
装 帧 设 计：	刘红刚
责 任 审 读：	付德华
责 任 印 制：	陈德松
出 版 发 行：	中华工商联合出版社有限责任公司
印　　　刷：	三河市九洲财鑫印刷有限公司
版　　　次：	2024年5月第1版
印　　　次：	2024年5月第1次印刷
开　　　本：	710mm×1000mm　1/16
字　　　数：	183千字
印　　　张：	13.5
书　　　号：	ISBN 978-7-5158-3861-8
定　　　价：	56.00元

服务热线：010-58301130-0（前台）

销售热线：010-58302977（网店部）
　　　　　010-58302166（门店部）
　　　　　010-58302837（馆配部、新媒体部）
　　　　　010-58302813（团购部）

地址邮编：北京市西城区西环广场A座
　　　　　19-20层，100044

http://www.chgscbs.cn

投稿热线：010-58302907（总编室）
投稿邮箱：1621239583@qq.com

工商联版图书
版权所有　盗版必究

凡本社图书出现印装质量问题，请与印务部联系。

联系电话：010-58302915

前　言

在我的从业生涯中，不止一次遇到过这样的内训师，他们刚参加工作，激情满满，对内训这个工作很有自己的想法；同时，他们的基础也很好，从不错的学校毕业，甚至有很好的工作经历。但在上课的时候总觉得差点儿意思，他们自己也意识到这个问题，便来问我，应该在哪里再优化一下呢？应该在什么地方再做些改变呢？应该怎么组织课堂呢？……

这几乎是一个非常普遍，且有代表性和共识性的问题。事实上，他们的问题不难回答，也不难解决，只需要对课堂、对内训、对课程多一些认识，在一些技巧上多一些掌握就可以了。但是没有人给他们提供这样的答案。

很早之前，我就试着为他们提供解决方案，一开始采用线下授课的方式，获得了很好的反响，后来也录一些线上的课程，效果同样很好。很多内训师会给我留言，如："谢谢你啊老师，听了你的课之后，我对做内训师这件事情有感觉多了，我有信心一直做下去。"

每次看到这样的留言我都很欣慰，也认为自己的方向是对的。但线下或线上的课程，影响力毕竟有限。为此，依托原来的"轻"系列课程，我写了这本书。

所谓轻复制，即内训师只要按照我在书中呈现的方法，就可以轻松快速地"复制"一门课程。这里的复制不是简单的拿来主义，不是抄袭，而是指课程安排得轻松、快速的意思。

  对于那些基础不错，但不知道怎么做才好的内训师来说，这本书可以被视为快速入门指南。我从形象、内容、氛围、营销等四个方面介绍了如何轻松、快速地复制一门课程。里面详细地介绍了内训师该如何打造自己的形象，如声音、眼神、表情、姿势、手势等，以及这些方面在课堂上具体应该如何呈现；内训师如何设计一门课程内容，如怎样把握读者的需求，爆款课程的底层逻辑是什么，怎么开发一门课程；内训师应该怎么营造课堂氛围，课堂的教学法有哪些，怎样面对课堂上的提问，怎么做好反馈，怎么做好课堂的时间管理；怎么做好课堂的教学辅助；内训师如何营销自己，怎样拟一个讨喜的人设，怎样实现人设，怎样被人看见……

  这些对于新晋内训师来说，都是实实在在的干货，可以直接在课堂上用的。希望我的这本书，能给各位内训师带来新的启发，也祝愿各位内训师在企业培训的这条路上越走越远。

目　录

第一章　你的形象，价值百万

第一节　内训师的形象无比重要 // 3

第二节　塑造内训师专业形象的要领 // 6

第三节　打造有质感、有磁性的声音 // 14

第四节　眼神与表情的管理很重要 // 27

第五节　肢体语言暗示一切 // 39

第二章　爆款课程的底层逻辑

第一节　爆款 = 易懂 + 易学 + 实用 // 49

第二节　爆款 = 有理论 + 有干货 + 有实操 // 53

第三节　节奏稳而准，内容专而精 // 57

第三章　打造属于自己的爆款课程

第一节　逆向思维，拆解课程 // 65

第二节　从复制到开发与设计 // 78

第四章　把握需求，直击痛点

第一节　提前做好沟通，不做"背锅侠" // 89

第二节　你真的了解你的学员吗？ // 94

第三节　如何准确拿捏学员的痛点 // 100

第五章　优化课堂授课方法

第一节　讲授法 // 107

第二节　案例教学法 // 117

第三节　角色扮演法 // 128

第四节　游戏互动法 // 134

第六章　优秀的课堂管理技巧

第一节　课堂中的提问与反馈 // 141

第二节　课堂时间管理与教学辅助 // 151

第七章 复制一个火爆的 IP

    第一节 拟一个讨喜的人设 // 167

    第二节 千方百计实现人设 // 179

    第三节 破除万难让人看见 // 195

第一章

你的形象，价值百万

"你的形象，价值百万。""外表是打动人心最直接的方式。"形象对于内训师来说有多重要，毋需多言。而人与人之间的印象建立非常快，有人认为是在见面的40秒中建立的；还有人认为，见面只需要2秒就可以形成初步的印象。那怎样给学员留下一个专业而深刻的印象呢？这一章，将教你从声音、眼神、表情、姿势、手势等入手，快速复制一个专业的形象。

第一节　内训师的形象无比重要

资深商务形象设计师英格丽·张在其畅销著作《你的形象价值百万》中指出："外表是打动人心最直接的方式。"作为内训师，留给学员的第一印象非常关键。如果一名内训师有着专业的形象和优雅的气质，那么，这名内训师已经基本上说服了学员，而这门课程也就成功了一大半。

然而，由于工作的特殊性，内训师们通常"风尘仆仆"地从一个城市赶往另一个城市，从一个课堂奔赴到另一个课堂，调整好自己的状态以及准备好上课所需的材料、课件等已经很不容易了，很难再腾出精力去修饰自己的形象。因此，很多内训师往往靠着"天生丽质难自弃"的"神颜"去"征服"学员，效果也就可想而知了。

事实上，人与人之间的印象建立非常快，有人认为是在见面的40秒中建立的；还有人认为，见面只需要2秒就可以形成初步的印象。不管怎么样，在内训师和学员见面的第一分钟里，尽管彼此素未谋面，尽管内训师还没有开口说任何话，没有向学员表达任何的观点，但他的形象在学员的眼中已经被建立起来。在这几秒钟中建立起来的印象，将不断加深学员对你的看法，不断影响接下来的授课内容和课堂氛围。心理学中有一种现象叫"首因效应"，指的就是这种"先入为主"带来的影响。

虽然人与人之间的第一印象并不总是准确的，却是非常鲜明而牢固的，能影响两个人接下来的交往进程。如果一个人在初次见面的时候，给对方留下了较好的印象，那么，对方在接下来的交往过程中便愿意与之亲近；反之，当一个人在初次见面的时候，给对方留下了不好的印象，那么，这个印象便会阻碍接下来的交往活动。

具体到内训师来说，因为他们是受"首因效应"影响最大的人群之一，所以与学员之间的"关系"往往只发生在一堂课或短时间内的几堂课上，当内训师给学员留下的印象是专业、严肃和权威的，那么，在接下里的课堂里，学员对内训师讲授的内容就会倾向于配合和相信；而如果内训师给学员留下的印象是浮躁、粗鄙的或随意的，那么，在接下来的讲授中，不论内训师的课程内容如何，在学员的心里总是要大打折扣的。对此，我们来看这样一个例子：

学员小张是应届毕业生，7月份入职A公司，小张之所以选择A公司，是因为A公司在已经毕业的学长学姐中有着很好的口碑，大家在得知她收到A公司的offer后都送来了祝贺。小张也一直以自己能成为A公司的一员而感到骄傲。10月份，在小张入职后的第四个月，她迎来了公司最大的一次"技能大作战"。虽然是新员工，小张也和老员工一起参加了公司的训战。

在训战中，有一门课程为"营销实战突击"，授课的是一位40多岁的女士，这位女士的装扮非常有"个性"，染着一头红发，T恤上印着一个夸张的图案，穿着十分紧身的牛仔裤，从训战开始到结束，这位内训师都在嚼着口香糖。当主持人向大家介绍这位内训师时，她斜着身子靠在讲台上，并且双手抱胸，面无表情。在讲课过程中，尽管她准备的授课内容实用性很强，也非常专业，但是动作很轻慢，还不时地在教室里转圈。

这位内训师给小张留下了很不好的印象。她问自己，到底是自己少见多怪，还是这个内训师太不专业了？这家公司是否真如学长学姐说得那么好，与这样的人共事，以后真的会有前途吗？

在这个例子中，由于内训师着装不得体，形象不专业，除了影响自己的上课效果外，还给整个公司的形象带来了负面的影响。甚至让初入职场的小张产生了离职的冲动。当然，以上或许是一个较为极端的例子。对于大多数内训师来说，在授课时，自己的形象和动作不至于这么离谱。

但通过上面的案例，可以看出职业形象确实非常重要，它甚至是凌驾在授课水平之上的一种存在。因为它无时无刻不在传达着内训师的身份、价值、专业度，甚至能够为内训师下定义，无声却准确地讲述着你过往的经历，向学员展示你的精力、自信、尊严、力量……除此之外，内训师的形象还是公司的一张名片，它在一定程度上代表了企业的形象和水平。

因此，不论你是入行几年的内训师，不论你的课件准备得多精彩，不论你对授课内容多自信，不论在授课之前你加了多少班、熬了多少夜，从当你作为内训师站上讲台的那一刻起，一定要对自己的职业形象负责。因为，"你的形象，价值百万"。

第二节　塑造内训师专业形象的要领

一、内训师应该具备的职业形象

我们都知道职业形象对于一个内训师来说非常重要，那么，职业形象都包含哪些方面呢？下面，分别从着装、仪容、体态、仪态四个方面做一个简单的介绍，如图 1-1 所示。

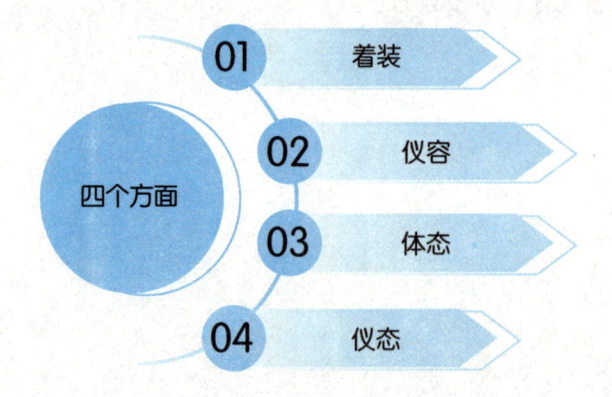

图 1-1　内训师应该具备的职业形象

（一）着装

法国著名时装设计师加布里埃·香奈儿女士曾经说过："服装真正的目的不是修饰外表，而是展现你的本质。"由此可见，服装对一个人的重要性。对于以形象示人的内训师来说，着装更是非常重要。

关于内训师的着装，主要强调的就是着职业装，有人会问为什么一定要穿职业装？因为职业装对照着的是"专业"这个词，而专业归根到底是跟内训师所讲授的课题吻合的。内训师着职业装其实就是用职业装武装自己，借助职业装所展示的形象，向大家展现职业和专业。在讲台上，内训师若能注意仪表形象的塑造，用适合自己的职业装武装自己，从而形成独特的风格和形象，这不仅能大幅度提升自己的信心，也能在一定程度上左右他人对自己的观感。职业装是一种武装，是内训师的"战袍"。

1. 男士着装

对于男士来说，最好选择成套的商务西装，如果自己不是很会搭配衬衫和领带，可以参考服装店或杂志中搭配好的样式。在搭配过程中，要注意三个小细节。第一，要选择以黑色系为主的商务系带皮鞋；第二，为了避免坐下时露出大腿或秋裤等尴尬场面，一定要选择与皮鞋颜色相搭配的长筒棉袜；第三，选择西装时要注意西装的大小，总体来说，西装的上衣要能盖住臀峰，下装的长度要到盖住鞋带的位置，并且走路的时候最好不露出袜子。对于男性内训师来说，最好准备一些常用的衣物，作为自己授课的"装备"，如藏青色、灰色、黑色的商务西装，白色、淡蓝色、灰色的衬衫，条纹或单色的领带，黑色的系带皮鞋，黑色的长筒袜子等。

2. 女士着装

女士在服装上的选择余地比男士要大，但女内训师也容易陷入这样一个误区，误以为选择服装就是展现个人魅力的一个过程。因此，在搭配服装的时候，忘记了使用的场合，仅是着重选择那些凸显个人气质的衣服。这当然是不可取的。在选择服装时，无论如何，都要将内训师的身份放在第一位，去选择那种凸显专业性的衣物。女性内训师在搭配服装时，要注意以下三个要点：第一，女士的搭配款式多，如果选择着西装，那么要注意成套搭配；如果选择着衬衫，那么要搭配深色的裤子或裙子，如黑色、酒红、深灰、藏青等颜色；搭配裙子的丝袜最好选择肉色的透明丝袜；如果衬衫是系扣式的，那领口的位置以解开一颗扣子为宜。第二，衣服的颜色不宜过多，全身上下的颜色以不超过三种为宜，不要选择饱和度过高、色彩过于鲜艳的衣物。第三，鞋子尽量选择带跟（尽量细跟）的商务皮鞋，以尖头、鞋跟 3～7cm 为佳。

（二）仪容

仪容先从发型讲起，无论男性还是女性，发型都是我们需要重视的第一步，大家千万不要小看发型的重要性。新闻中的主播，几十年如一日地保持一个发型，为的就是显示自己的专业性。内训师也是一样的，要特别注重仪容部分的整洁和干练。所谓的干练是我们称之为线条的硬朗，而线条的硬朗依靠的是你面部的眉清目秀以及精致且少量的配饰。

发型要吻合上课的课程要求，什么样的课程搭配什么样的发型，一般来说，我们的课程以专业、规范、严肃为主，因此发型的设计不宜太跳脱，应该符合课堂的严肃性。很多年轻的内训师追求潮流，自己设计了个性化的发型，这是不可取的，过于个性化的发型容易喧宾夺主，使学员将过多的精力都集中在内训师的发型上，从而无法集中精力好好听课。还有些年纪大的内训师，对自己的课程非常自信，从而常常忽略自己的外在形象，一些男性内训师头发很长了也不修剪，顶着一头"鸡窝"上课，虽然无伤大雅，但对于第一次见面的学员来说，这样的发型多少显得有些不尊重课堂。因此，在发型上，男士要做到定期修剪头发，不留太长的头发，做到前不遮眉、侧不掩耳、后不及领，要经常洗发，不要有头屑；女士尽量将长发束起，如果留披肩发的话，则尽量使其服帖。

妆容上，如果是礼仪类或规范类的内训师，那自不必多说，一定要"现身说法"，以自己为例子，为学员提供规范的妆容样本。如果本身并不是规范类、礼仪类的老师，那对于自我仪容的要求，虽然不必像前者一样精致、高要求，但至少要做到干练整齐。女士一定要化妆，尽量化淡妆，化妆时重点关注眉毛、眼线、口红等，素颜或浓妆艳抹都是对学员的不尊重。女士的指甲要保持干净整洁，不要涂颜色鲜艳的指甲油或做太过夸张的美甲，如果一定要涂指甲油或做美甲，尽量选择透明或肉粉色的；男士要刮去胡须，整理好鼻毛，有条件的还要做护肤。此外，经常修整眉毛，也能让自己的状态看上去更好一些。所有这些妆容的整理和打扮，都不是为了所谓的美丽和潇洒，而是因为"尊重"这两个字。

除此以外，还可以适当加一些配饰为整体的形象加分，如男士可以佩戴手表或婚戒（已婚男士）；女士可以选择简洁大方的耳环、项链、手表、戒指等，注意最好不要佩戴框架眼镜。另外，还要保持口腔无异味。

（三）体态

有人说，你的身材是世界上最好看的衣服。这句话一点儿错也没有，内训师要想有一个优雅的体态，保持好的身材是最直接的方法。好的身材一方面能在形象上加分，另一方面也体现了内训师是一个自律的人，这种自律能感染学员，使学员获得更多正向的能量。在食物过于充裕的今日，更多的人被肥胖问题所困扰，因此，保持身材对于许多人来说，等同于控制饮食，且增加一定的运动量。

如何保持一个好的身材呢？

首先，要控制饮食。主要体现为重视早午餐的营养搭配，多吃优质的蛋白质和蔬菜，减少糖类（如高甜的水果、精细的主食）的摄入。少吃多餐，坚持吃早餐，晚餐则减少摄入。

其次，利用一切可以利用的碎片化时间运动，如慢跑、快走、跳绳、腹卷、深蹲等。

最后，保持一个规律的作息和愉快的心情，早睡早起。

（四）仪态

仪态是一个人所呈现出来的气质。在生活中，我们常遇到这样的情况，远远看到一个人走过来，即使我们对这个人没有过多的了解，而且他相貌平平，衣着朴素，但我们依然想和这个人亲近，想和他进一步交往；而有时候也会遇到这样的人，长相很突出，穿着打扮也很时髦，甚至脸上也挂着笑，但我们依然不想与他亲近。这就是由人们不同的气质造成的。

好的气质会让人有更好的亲和力、魅力，以及更强大的气场。让人忍不住向他靠近，想和他多交流。因此，内训师一定要注意提升自己的气质，并保持优雅的仪态。

如何提升自己的气质呢？

第一，可以关注并训练脖子、肩膀和后背这三个重要的身体部位，人们常说的"天鹅颈""直角肩""蝴蝶背"，就是一个人仪态气质好的标准。对于没有太多形态训练基础的内训师来说，可以这样有意识地塑造自己的"天鹅颈""直角肩"和"蝴蝶背"。

"天鹅颈"的塑造可以利用以下方法，让自己的颈部靠后，找到一种直直的感觉。如果不知道怎么找这种感觉，可以先靠着墙练习，使自己的颈部和后背始终在一条直线上，多次练习后，"天鹅颈"自然就出来了。

"直角肩"的塑造需要以每天做数个绕肩的动作为基础。在训练时，手臂自然下垂，然后用肩膀的力量使手臂向后或向前绕，直到做到手臂酸了为止。这种训练每天可以做数个，只要是工作的间隙都可以站起来做。既可以放松身体，又可以美化肩膀。

"蝴蝶背"则可以通过正确的坐姿和"十字挺身"（又名"两头起"）进行练习。很多内训师后背的肉很厚，穿衣服自然就不太好看。后背肉厚跟不正确的坐姿有很大的关系，因此，要想后背变薄，要先纠正坐姿。然后，还可以利用晚睡或早起的时间，趴在床上进行练习：整个人平伏在床上，慢慢抬起双手和双腿，使四肢都起来，久而久之，"蝴蝶背"自然就练成了。

第二，注意自己的站姿、坐姿和走姿。很多人对"天鹅颈""直角肩""蝴蝶背"心生向往，无奈实在没有时间和毅力坚持练习，那有没有好的方法迅速提升自己的仪态呢？也有，只要你在上课的时候格外注意自己的站姿、坐姿和走姿，也一定能拥有一个好的仪态，从而给人留下深刻的印象。

如何做呢？不论站着、坐着还是走路，都要做到脖子向上拉长，肩膀放松下沉后再展开，收腹，腰背挺直，收紧臀部和大腿内侧的肌肉。可以总结为这样一个小口诀："脖靠后、肩外展、腰立直、腹回收"。当你无论是站着、坐着还是走路，都时刻用这样的标准要求自己，整个人的仪态就会慢慢变优美起来。

二、年轻的内训师，如何塑造自己的专业形象

本书的读者中，年轻的内训师可能占大多数。对于很多有经验的内训师来说，自己的形象已经非常专业，且早已成型，只需要花费精力去维护和优化即可。而很多年轻的内训师，刚刚步入这一行业，对于授课等专业领域的东西还不熟悉，对形象就更加无暇顾及。在现实中，很多人认为年龄大的内训师是专业和质量的保证，因而愿意邀请年龄大一些的内训师。而对于年轻的内训师，则抱着不信任的态度。此时，如果年轻的内训师再不注意自己的形象，那就更难获得企业的青睐或学员的好评了。

我们来看这样一个例子：

小王是一名年轻内训师，入行两年，授课的能力得到了大多数同行的认可。虽然开始时，大家对他抱有不信任的态度，但认真听他授课后，绝大部分人会转变对他的态度。现在，小王遇到了新的烦恼，希望得到前辈的指点和帮助。

由于工作上的调整，小张不在公司内部授课了，转而被安排到陌生的客户中为他们授课。这些客户看小张年轻，便对他的专业性产生了质疑，更有甚者，见第一面就直接否定了他，要求公司为其换一个更专业的讲师。

小张为此很苦恼，不知道怎么样才能在形象上把自己塑造得老成、专业，让人在见到自己时便能产生信任感，相信自己的授课能力。

那么，对于这些入行不久的年轻内训师而言，应该如何塑造自己的专业形象呢？如图1-2所示。

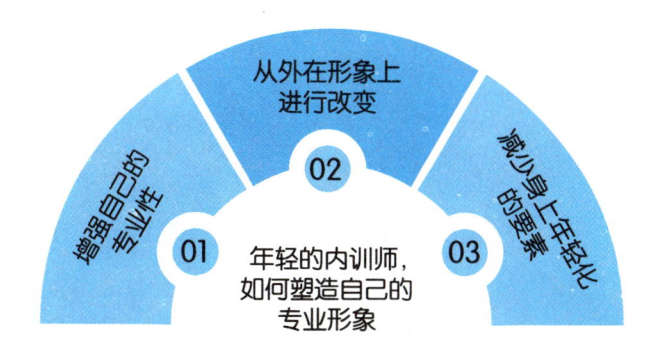

图 1-2 塑造专业形象的方法

首先，增强自己的专业性。年轻的内训师给人不专业的主要原因不在于年轻，而是因为经历和阅历不足带来的不自信和怯场。如果一个年轻的内训师专业知识储备充足，专业素养拔尖，那么，被学员认可是迟早的事。即使有些学员开始时会产生不信任，但认识到内训师的理论功底后，便会被其折服。

其次，从外在形象上进行改变。当内在的素养和阅历不足以支撑起内训师的气场时，内训师可以试着在形象上做出改变。例如，为自己设计一款成熟的发型，化成熟一点的妆容，着成熟得体的服装，搭配一些有年代感的配饰等。

最后，减少身上年轻化的要素。当你以内训师的身份与学员或者客户见面的时候，一定要减少自己身上年轻化的要素，例如，卡通的手机壳、年轻化的口头语等。

第三节　打造有质感、有磁性的声音

一、找到并喜欢上自己的职业声音

声音是内训师的立身之本,是传达观点、表达理念的主要途径。除了播音员、配音演员、歌手等职业以外,内训师是对声音最在乎的一类职业人士。对内训师来说,一定要懂得利用声音来营造自己的专业性,要找到适合自己的职业声音,并且喜欢上自己的声音职业。

这里需要注意的是,职业声音和我们平时说话的声音并不一样,我们平时说话的声音可以是慵懒的、激进的、急躁的,或者贴合自己个性的,追随自己心意的,不用刻意训练的。但职业声音则是需要经过训练和选择的,一定是专业的、和缓的、可信赖的。

内训师能找到适合自己的职业声音,并喜爱它是非常重要的。有些内训师对职业声音有误解,认为那是一种与平时完全不同的声音,会把自己变成另一个人。其实不然,职业声音是在平时声音基础上的适当修饰,虽然与平时的声音略有差别,但这种差别不是根本性的。如果完全用一种与平时声音完全不同的声音去讲课,那么容易陷入矫揉造作的误区中。职业声音在体现专业性的同时,必然也是自然的,悦耳的,让人觉得舒服的。为此，内训师在训练自己的职业声音时，要先发自内心的喜欢上自己的声音。

在这里，为大家提供一个找到适合自己职业声音的方法。首先，先设想自己是一个怎样的内训师，如专业的、和蔼的、严厉的、干练的等；其次，根据所设想的形象想象他的声音应该是什么样子的；再次，在自己声音的基础上为这个形象设计职业声音；最后，将设计的职业声音用录音机录下，再回放，再修改……几次后就能找到自己最满意的职业声音。

在职业声音的准备上，有些内训师会混淆好听和普通话标准两个概念，认为好听就是要讲标准的普通话，这其实是两个概念。作为一名内训师，如果能做到普通话标准那自然是再好不过了。如果实在做不到，带有一点儿不影响交流的口音，也没有关系。很多公司在安排内训师时，是按照区域划分的，例如，在西南区域选派几个内训师授课，如果你恰好是西南地区的人，普通话受西南方言的影响，稍微有些l、n不分，反而会成为拉进与学员关系的利器，有时候正是因为这点儿小口音，会让学员产生亲切感。

声音好听与普通话标准完全不是同一个概念，好听是指声音悦耳，能够让学员在上课时一直听下去，不会因为讲师的声音而产生厌烦而不愿意去听这堂课。有这样一个案例：

小李参加了公司内部组织的一次内训会，内训会的讲师是从A市请来的，这位讲师的普通话非常标准，授课内容也很专业，可是小李在听了10分钟后就听不下去了。小李以为是自己的原因，想问问坐在边上的小张的意见，谁知道小张已经带着蓝牙耳机在看视频了……事后，两人交流了一下关于那场培训的意见，都觉得授课讲师的"夹子音"过于做作，让人实在听不下去。

二、声音好听的四个基本要求

当内训师找到自己的职业声音后,可以试着从音量、语调、语速、停顿等几个方面提升声音的质感,让自己的声音听上去更好听,如图1-3所示。

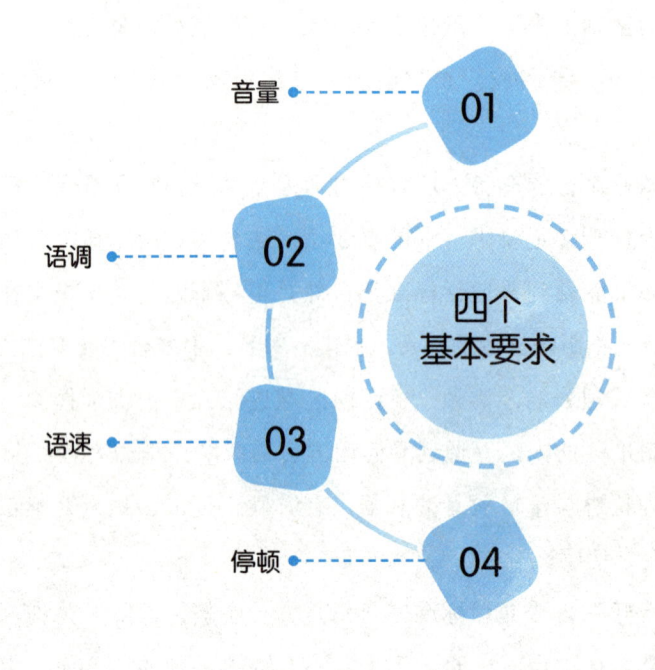

图1-3 声音好听的四个基本要求

(一)音量

上课时,音量是内训师首先要关注的第一个要素。传统的线下授课中,在讲台上授课的讲师,要保证自己说话的声音能够被教室最后一排的同学听到。如今,随着授课模式的转变和扩音器材等的使用,内训师在授课时，对授课音量已经没有传统线下授课时那么高的要求了。但仍然要注意对音量的把握，以便呈现出更好的声音。

不论是线上的直播或录播，还是线下面对面的授课，使用一个好的扩音器是非常重要的。内训师在每一次讲课前都要检查并调试扩音器，并根据扩音器的情况，适当地调整自己的音量。扩音器一般起到收音并扩大音量的作用。其收音范畴，包含了内训师在课上经常用到的共鸣音，没有扩音器，共鸣音是很难听到的。

音量通过控音和放音实现。音量没有边界，这种没有边界的特征会导致一个结果，就是当声音处于放音状态时，整个声音呈现出来的状态是扩散的，而为了让扩散的声音被更多的人听清，内训师在讲课时需要放大声音。这就是为什么很多新晋的内训师在上了一个小时的课或者二十分钟的课后，嗓子就会哑，直接说不出来话的原因。在这个时候，聪明的内训师都会使用控音的技巧。用控音和放音结合的方式使声音张弛有度，学员听得清楚的同时，自己也不吃力，能有效地保护自己的嗓子。要知道，嗓子是内训师"吃饭的工具"，保护嗓子是每个内训师每天必做的功课。

控音与放音相对，它不是为了盲目地追求音量的大，而是在必要时，将音量收回来。在这里有一个简单的技巧与大家分享，如果你不知道如何控音，不妨找一找这样的感觉，这就是当你在说话的过程当中，始终保持一个放风筝的感觉，放音就是将风筝放出去，而控音则是将声音收回来。控音与放音的合理搭配，在一定程度上能够使得你的声音更加完整饱满，并且音量更有穿透力，直击人心。

（二）语调

语调是一个人说话音量的大小和高低。一般来说，内训师上课时，说话的声音会比平时更大。这时候，如果没有特意调整语调，声音会变得不自然，整个人容易扯着嗓子说话，毫无悦耳可言。

在授课过程中，内训师追求的语调应该是抑扬顿挫的，语调的抑扬顿挫能使听者舒适，也能使授课者更有激情。抑扬顿挫需要强调重音，在平仄音的语调里面，你会发现语调越往上走，人的心情越愉悦，而语调的下降则会让人心情低沉，所以语调的上升、下降是一个组合过程，是要有变化的。

一般来说，谓语可以比主语的语调更重一些，而定语、状语、补语等非主语或谓语的成分，在讲话的时候，也可以视情况适当使用重音。例如，当你想说这节课要讲解的内容是"声音好听的几个基本技巧"，就可以在"好听"上使用重音，以引起学员的注意。

另外，还要注意，不论是什么样的语调，第一要义是清晰，第二要义才是变化。所有语调的变化、抑扬顿挫等都是建立在吐字清晰的基础上，那种模糊不清的发音，即使语调再抑扬顿挫也激不起学员的好感。甚至还有学员会因为听不清而对内训师产生反感和排斥。在语气上也要肯定，不要使用模棱两可的语气。

（三）语速

语速即说话的速度，在日常生活中，我们对语速有很直观的感受。例如，有些人是急性子，说话快，词一个接一个往外蹦；而有些人慢慢悠悠，半天才说一句话。对于内训师来说，在授课时，语速要适中，既不要太快，太快容易使人听不清楚；也不要太慢，太慢容易使人着急。

适中的语速不是要求内训师在说所有的话时都保持同一语速。当讲解的内容比较重要时，可以适当放慢语速；而当讲解的内容不那么重要时，可以适当加快语速。一般来说，在授课时，每分钟说120～200字是最合适的。为此，内训师在试讲的时候，可以将自己的声音录下来，截取有代表性的片段，将语音转换成文字，看看一分钟到底说了多少字。再根据相应的情况对自己的语速进行调整，反复多次后，就能将语速调整在一个合适的范围内。对语速的调整其实并不难，只要花一定的功夫和精力，相信所有的内训师都能做到。

（四）停顿

停顿指的是话与话之间的间隔或空隙。在授课中，有了语音、语调和语速的保障，内训师的声音就有了一个比较好的呈现，如果这时候再将停顿把握好，那整堂课的声音呈现就堪称完美了。

适当的停顿有助于增加声音的表现力。一般来说，停顿多见于句与句之间、段与段之间。当然，需要学员想一想时也可以做适当的停顿，适当的停顿有助于学员的理解。不同类型停顿的建议时间如下表1-1所示。

表1-1 不同类型的停顿时间

停顿类型	建议时间
让大家好好想一想	10秒
让听者稍微想一下	6秒
文章的段落	3秒
语句之间的停顿	2秒

以上停顿时间只是给内训师做参考，具体还要根据实际情况来决定。

三、声音练习的几个方法

对于内训师来说，声音洪亮、有力是最基础的。为此，内训师可以在气息和共鸣音上着力。接下来，为大家介绍声音练习的气息练习法和共鸣音练习法。

（一）气息练习法

什么叫气息？气息是发声的基础和动力。气息的速度、流量、压力的大小与声音的高低、强弱、长短等有直接关系。气息是怎么发出来的呢？它跟我们胸腔内的横隔膜相关。当脊背挺直时，有利于气息从胸腔传递到喉部再到口腔，会使声音浑厚。这也是为什么对内训师的身姿有这么高要求的原因。如果是用气息音说话，当你用一张白纸或者用手摆在自己的嘴前面，能明显感觉到有气喷出来。

气息是需要练习的。各位内训师要有意识地用自己的腹腔肌肉、腰部力量，以及胸腔来发音，同时用增长气息音的方式来发音。这里介绍一个最简单的方法，就是随时随地在说话的过程当中，当吸气时，用横隔膜做上升的动作。

此外，还可以使用练习绕口令的方法，主要有如下几个绕口令可供参考。

气息训练绕口令一

望夜空，满天星，光闪闪，亮晶晶。好像那，小银灯，大大小小、密密麻麻、闪闪烁烁、数来数去数也数不清。仔细看，看分明，原来那群星分了星座还起了名。按亮度，分了等；一等、二等、三等、四等、五等、六等，一共分六等。谁最亮，是一等；谁最暗，是六等，一等到六等，总共不过6900多颗恒星。星空中，还能看见那大行星和卫星，小行星和彗星，更有那无数无名点点繁星看不清。要想看清它，请你借助现代化的天文望远镜。

气息训练绕口令二

出东门，过大桥，大桥底下一树枣。拿着杆子去打枣，青的多，红的少：一个枣儿、两个枣儿、三个枣儿、四个枣儿、五个枣儿、六个枣儿、七个枣儿、八个枣儿、九个枣儿、十个枣儿、九个枣儿、八个枣儿、七个枣儿、六个枣儿、五个枣儿、四个枣儿、三个枣儿、两个枣儿、一个枣儿。这是一个绕口令，一口气说完才算好。

气息训练绕口令三

山上住着三老子，山下住着三小子，山腰住着三哥三嫂子。山下三小子，找山当腰三哥三嫂子，借三斗三升酸枣子。山腰三哥三嫂子，借给山下三小子三斗三升酸枣子。山下三小子，又找山上三老子，借三斗三升酸枣子。山上三老子，还没有三斗三升酸枣子，只好到当腰找三哥三嫂子，给山下三小子借了三斗三升酸枣子。

对于以上三个绕口令，要尽可能用连贯的气息以最快的速度念完，并每天进行练习。但要注意保护好自己的嗓子，不要因过度发声而使喉咙出现不适症状。

（二）共鸣音练习法

对于内训师来说，共鸣音是不需要使用太多的。一般用到的是胸腔共鸣，但如果你气息量足够，可以自如地调用。

声音的发出是依靠人体的共鸣产生的，而人体的共鸣腔又分为口腔、喉腔、鼻腔、胸腔、脑腔五大类型。共鸣效果是由声音的共鸣点决定的，不同的共鸣点对应着不同的共鸣腔和共鸣效果。具体发声位置和声音特点如下表 1-2 所示。

表 1-2　具体发声位置及声音特点

共鸣腔位置	声音特点
口腔共鸣 + 喉腔共鸣	声音单薄、柔弱
口腔共鸣 + 喉腔共鸣 + 部分胸腔共鸣	声音洪亮、有力
口腔共鸣 + 喉腔共鸣 + 完全胸腔共鸣 + 鼻腔共鸣	声音饱满、磁性

声音练习是内训师基本功中非常重要的一环。针对不同共鸣腔所产生共鸣效果的不同，下面主要介绍胸腔共鸣的练习方法。

第一，用较低的声音发"ha"的音，这时候你会感觉到声音是浑厚的，把手放在胸部，能感觉到声音从胸腔中发出。声音从高到底，从实到虚，循环往复，进行胸腔共鸣练习。

第二，在胸腔共鸣的音色适当增加以后，开始练习含有"a"的音，如计划、到达、出家、出发等，因为 a 的开口度更大，更容易产生胸腔共鸣。

第三，进行适当地句段练习，在练习时要有意识地加强韵脚的胸腔共鸣。具体例子如下：

1. 春眠不觉晓，处处闻啼鸟。夜来风雨声，花落知多少。
2. 小柳树，满地栽，金花谢，银花开。
3. 野草树，有时孤零零的一棵，直挺挺把臂膊伸展。花，有时单个个一朵，静默默把微香散播。唯独草，总是拥拥挤挤，长到哪儿，哪儿就蓬蓬勃勃。一片片、一丛丛，有着烧不尽的气魄。

4. 我看樱花，往少里说，也有几十次了。在东京的青山墓地看，上野公园看，千鸟渊看，雨里看，雾中看，月下看。日本到处都是樱花，有的是几百棵花树拥在一起，有的是一两颗花树在路旁水边悄然独立。春天在日本就是沉浸在弥漫的樱花气息里。

四、保护嗓子的几个方法

很多内训师反映，做内训师最难的不是上课，不是与学员互动，而是嗓子的保护。嗓子是内训师的武器和工具，它的重要性不言而喻。那么，内训师在日常中该如何保护嗓子，以便在上课时有最好的声音呈现呢？各位内训师不妨从以下几方面做起，如图1-4所示。

养成保护性训练的习惯　　注意说话方式　　保护口腔　　注意休息　　清淡饮食

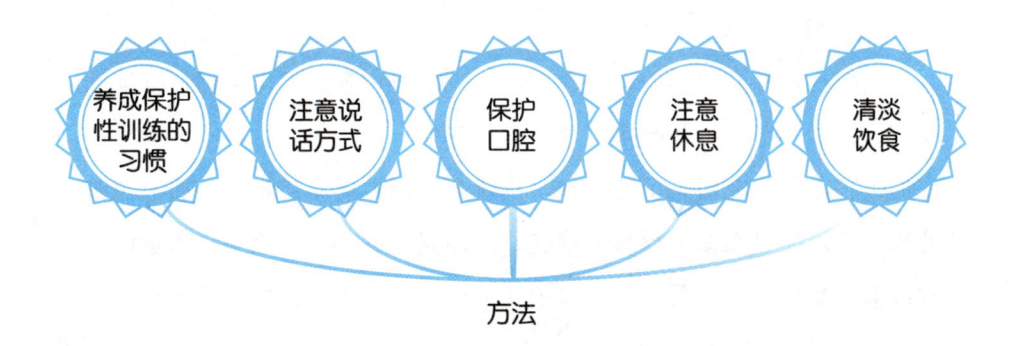

方法

图 1-4　保护嗓子的方法

（一）养成保护性训练的习惯

1. 用气息说话而不是声带

注意平时要通过气息说话，而不是声带。我们有过这样的生活经验，平时不怎么唱歌的人，去 KTV 唱歌的时候，不知道如何使用声音，就一直拿着话筒大喊大叫，不到一个小时，嗓子就哑了，这是过度使用声带导致的。内训师也是一样的，如果一直使用声带讲课，嗓子很容易沙哑，会严重影响上课的质量。曾经有这样一个极端的例子，一位新入行的内训师，连着讲了四天的课，到最后一天的时候，彻底失声了。内训师的工作非常繁忙，如果不会保护嗓子，是要为此付出沉重的代价的。

2. 注意呼吸的方式

尽量不要用嘴呼吸，而是用鼻子呼吸。如果在剧烈运动过程中，不可避免地使用嘴呼吸，那么，尽量只使用嘴呼气，而不吸气。尽量将胸式呼吸改为腹式呼吸，多用腹部的力量调整呼吸。

3. 不要频繁地清嗓子

很多内训师有这样的习惯，在讲完一部分内容之后，习惯性地清清嗓子，停顿一下，再开始接下来的内容讲解。实际上，这是一种非常不好的习惯，当你在清嗓子的时候，气流会猛烈地震动声带，从而对声带造成损害。如果实在觉得嗓子难受，可以通过吞咽口水或小口饮水的方式缓解。如果实在需要不停地清嗓子才能讲话，最好找医生检查一下，也许是反流性疾病或过敏性症状在作怪。

（二）注意说话方式

内训师说话的时候，要保持适当的语速和语调，声音适中，既不要特意高声讲话，也不要故意低声说话，这样可以有效保护喉咙。此外，连续说话的时间不要过长，如果觉得嗓子不舒服，那就停止说话。在感冒或者发生其他对嗓子不利的疾病时，减少说话次数。一天内说话的总时长不要超过三个小时，连续说话的时间不要超过一个小时，要让声带得到充分的休息。

在授课时，适度的音量要用真嗓，除了必要的提高声音或一些其他的情况外，尽量不使用假嗓。假嗓对声带的损害较大，容易"劈嗓子"。

（三）保护口腔

内训师要有保护口腔的意识。例如，养成良好的漱口习惯，保持咽部的清洁，以减少咽喉炎及上呼吸道感染引起的炎症。漱口的时候，可以选用淡盐水或专门的漱口水；平时注意多饮水，不要在干燥的室内环境中待得太久，如果口渴就要及时饮水；上课中场休息时要注意尽量饮用温开水（40℃左右最佳），凉开水容易刺激声带，不利于嗓子的保护。

（四）注意休息

声音的呈现和人的身体状态有极大的关系，如果一个人体力充沛、精神饱满，那声音必然是宏亮有力的；如果一个人异常劳累，那他的声音肯定也是疲惫的。因此，内训师在平时的生活中，要保持良好的生活习惯和规律的作息，注意休息，劳逸结合；不去夜店、酒吧等场所，不熬夜，保证充分的睡眠。著名京剧表演艺术家梅兰芳对保护嗓子有自己独到的见解，他将保护嗓子的方法概括为："精神畅快，心平气和，饮食有节，寒暖当心，起居以时，劳逸均匀。练嗓保嗓，都贵有恒。"由此可见良好的生活习惯对保护嗓子有重要作用。

（五）清淡饮食

清淡的饮食对保护嗓子也是至关重要的。如今，年轻人的饮食越来越偏向"重口味"，爱吃油炸、麻辣等刺激性的食物。这种饮食习惯对嗓子来说有百害而无一利。内训师在平日生活中，尤其在有课程的时间段内，一定要忌口，忌油炸、忌冷饮、忌辛辣、忌烟酒等。

第四节 眼神与表情的管理很重要

一、上课时如何处理眼神

俗话说："眼睛是心灵的窗户。"内训师可以通过眼神将自己的想法和信息传递给学员，学员也能依据内训师的眼神接收到相应的信息。对于内训师来说，眼神是非常重要的身体语言，甚至会影响其他身体语言的专业性，进而影响培训效果。然而很多内训师却忽略了这一点，或者不知道如何使用眼神或管理自己的表情，具体如图1-5所示。

01 要脱稿，不要依赖讲义
02 要聚光，不要游离
03 要与对象进行交互
04 眼神最好的姿态是平视
05 与学员保持积极的眼神接触

上课时的眼神控制

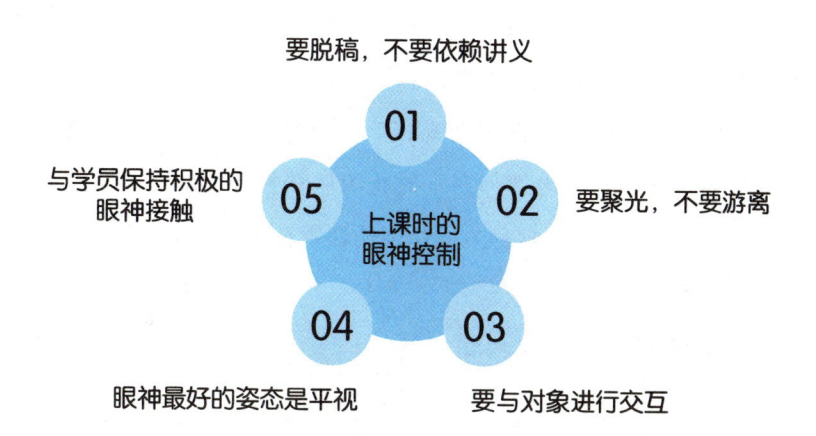

图1-5 上课时的眼神控制

（一）要脱稿，不要依赖讲义

不论是线上教学还是线下教学，脱稿是对内训师工作的最基本要求之一。因为只有脱稿，才有机会与学员进行眼神的交互，才能使用眼神这个基本的身体语言。

有些新入行的内训师在上课时，深怕自己讲错知识点或者讲漏了某个知识点，因此一直将目光停留在讲义或者PPT上，与学员全程无任何眼神交流。这实际上是非常严重的教学事故，会给学员带来很不好的观感。尤其某些线下课堂用的是投影幕布，如果你整个身子倾斜45°，那么，整张脸就会埋在投影幕布上，学员们完全看不到你的眼神，这非常影响讲课效果。因此，建议内训师要能做到脱稿，如果某个课程，你还没有办法做到全程脱稿，那说明你还没有做好上这门课的准备。当然，脱稿并不意味着每时每刻都要看向学员，内训师可以在适当地时候看一眼PPT或者讲义，自如地调整授课姿态。

一些新入行的内训师对脱稿这件事感到很为难，认为脱稿就是要全程背诵演讲稿，有些内训师甚至将课堂中所有要说的话都写成一篇稿子，然后从头到尾熟练背诵。其实，大可不必这样做。这样做吃力不说，还非常容易使课程陷入内容僵硬、无趣的境地。因此，建议内训师只背关键词即可。无论任何时候，你做演讲也罢，述职的面谈也罢，还是站在公众面前授课也罢，只要将讲义或PPT上的关键词和句记住，便可以串起整个讲稿。这就要求内训师在平时练习脱稿授课的时候，要多多根据关键字法进行记忆练习，这种方式呈现的课堂会更加真实、生动。

（二）要聚光，不要游离

"眼到之处，即心到之处。"内训师的眼神是传递信息和想法的重要路径和手段，因此，内训师的眼神一定要聚集，因为聚集会给人自信、专注、有力的印象，让人感受到尊重和重视。有学员在听课的时候总感觉内训师的目光聚集在自己身上，因此上课的时候会更加认真和专注，这就是聚集眼神带来的影响。

相反，如果内训师的眼神是涣散的、游离的、躲闪的，那么，会给人心不在焉、不自信、不尊重学员的感觉。即使授课的内容再精彩，也会因为内训师的眼神而大打折扣。很多新入行的内训师，不知道如何处理自己的目光，经常抬头看天花板或低头看地板，这都是不恰当的行为。

作为一名内训师，在授课过程中，一定要自信，要集中精力，要有激情，这样，眼睛自然而然就能聚光。内训师只有将课堂和学员放在第一位，学员才能给内训师以最好的回馈。

（三）要与对象进行交互

"如何与学员进行有效交互"是非常多的内训师在实际的授课过程当中，面临的一个难题。什么叫交互？成年人的培训与学生时期的上课不同，成年人的学习在一定程度上依赖的是参与感，以及与讲师之间的交流感。而交互的首要因素就是眼神，内训师只有尽可能地与学员进行目光的接触，才有可能进行下一步的交互。这就是为什么无论是线上的授课还是线下的授课，眼神的交流都非常重要的原因。

事实上，眼神的交互是刻意练习的结果，有一位资深的内训师曾跟我分享了她在眼神交流上练习的经验，以下就是她的故事：

在成为内训师的很长一段时间内，我的学员都在私底下偷偷吐槽我比较凶，不爱跟学员交流，从来不关注他们。这可实在是太冤枉了，我怎么会不关注他们呢？我是多么地想跟他们亲近交流，可是实在不知道该怎么做呀。

后来，在每次上课的时候，我都拜托另一位同事给我录像，然后利用课后时间去复盘这节课的优点和缺点，以及造成学员们误会的真正原因是什么。后来我发现问题出在了眼神上，上课的时候，我的眼神总是闪躲的，遇到学生给我递来肯定的目光时，我更是紧张到不行。有时候，宁肯抬头看天花板或者望向窗外，也不会与学员进行眼神的交流。

天生"社恐"的我，走上讲台成为一名内训师，几乎已经花光了我所有的勇气，更别提与学员进行目光交互了。每次在课上，我想得最多的是知识点是否已经讲解透彻，学员们有没有听懂。至于眼神等肢体语言，我既没勇气，也没精力去注意它。

后来，我鼓起勇气向一位业界前辈去请教这个问题的解决办法。他说："眼神训练很简单，你可以这样，下次再坐公交的时候，把整个公交车的人当作你的老乡，跟他们点头示意，几次以后，眼神就练出来。"

在这之后，我就利用上下班挤公交车的时间，跟每位乘客点头示意，再用眼神交流，就像跟老乡打招呼一样，说你好呀。每个上车的乘客，我都告诉自己这样去做。当然一开始的时候需要给自己做很长时间的心理建设，并鼓足极大的勇气。慢慢的，就变得自然起来，眼神也逐渐凝聚、和善。我将这一套用在课堂上，果然，获得了学员的一致好评。不久之后，还被评为了"最具亲和力的讲师"。

如今，随着授课形式的多样化，除了线下授课外，越来越多的内训师需要到线上进行授课。很多内训师在线下授课的时候，可以与学员进行眼神交互，但到了线上，就变得"六神无主"，完全不知道如何管理和"安置"自己的眼神。事实上，在线上授课，也有"特别"的眼神交互方法。曾有一个在线上录课很有经验的内训师跟我分享了他的经验：

我之前一直做线上教学，一开始让我去录视频课的时候，根本不知道该看向哪里，不知道如何展开一堂课，最后只好硬着头皮，把课件内容照着读了一遍。录完后，效果很不理想。隔天，因为效果不理想，我又去录了一次。那时候没人接触过线上录课，全靠自己摸索，不像现在有很多资料可查，有很多前辈可取经。再去录视频的那次，我在那之前就把上一次录的视频回看了一遍，仔细分析了自己不自然的原因，发现主要是眼神飘忽不定，肢体动作僵硬等。经过我与录像师的沟通，一点一点对着镜头调整姿态和眼神，最后总算顺利过关。

在那之后，我就开始琢磨如何面对摄像头录课。为此，还去传媒学院旁听了一些与主持相关的课程。最后领悟到，不能把镜头仅当成一个冷冰冰的机器，而是要将它当成你平时上课的学员，也要和它进行眼神的交互。可以想象那个摄像头就是一张张可爱的笑脸，要尽可能将眼神停留在摄像头上，不要盯着自己的PPT，也不要向周围的工作人员求助或从他们身上获得肯定。

（四）眼神最好的姿态是平视

眼神的姿态同样很重要，不同的眼神姿态有着不同的含义，对于学员来说，就意味着讲师有不同的授课态度。仰视和俯视的眼神姿势在授课时都是不可取的，仰视给人感觉过于谦卑，这不是一个讲师应有的姿态，而俯视则让人有种压迫感，不利于与学员拉近关系，最好的眼神姿态是平视。平视给人的感受最好，让人觉得你谦逊而温和。

尽管大多数内训师都知道授课时应该平视学员，但在实际中，却很容易忽略这一点，或者不知道如何做到平视。我们知道，在线下授课的时候，一般情况下都是学员坐着，而内训师站着。那么，普通意义上的平视，从学员的视角看来也许就会成为俯视。为了与学员实现真正的平视，内训师应该做到上身前倾，下颌微收。这种情况下，从学员的角度来看，内训师就在平视他们。而在线上教学的时候，需要通过摄像头传递内训师的眼神，这时，眼神与摄像头之间的位置很关键，摄像头必须保证和你的眼睛呈平角，这样，才能保证学员在观看影像的时候，感受到内训师的视线是水平的，眼神是善意的。

（五）与学员保持积极的眼神接触

如果是线下授课，内训师一定要注意与学员保持积极的眼神接触，接触那些不住点头的积极的学员，有助于激励这些学员；接触那些不自信的学员，有助于增强他们的自信心；接触那些上课玩手机或交头接耳的学员，有助于纠正他们的不良行为。此外，还有最重要的一点，那就是，与学员保持积极地眼神接触，有助于缓解自身的紧张情绪。因为当内训师的目光从自己的讲义或PPT中挪到人群中时，这本身就是一种巨大的进步，意味着内训师在积极融入课堂。内训师的这种与学员的积极地眼神接触有助于增强自己的自信心。

内训师在与学员保持积极地眼神接触时，一定要在人群当中去找到一个人，但又不能长久把视线聚焦在某一个人身上，要照顾到多数人。这就要求内训师在上课前，多训练眼神的环顾，即缓慢而平均地扫视整个班级的学员。

二、眼神训练的几个方法

眼神在课堂上所起的作用有时会超越语言和课程内容。要想在课堂上有更好的眼神呈现和交互，内训师需要在上课之前加强对眼神的练习。内训师可以结合以下几个方法进行练习，以增加自己在课堂上的呈现效果，如图 1-6 所示。但要注意的是，无论练习哪种方法，都要结合感情进行。因为"手之所至，腿随之；感情所至，心随之；心之所至，感情随之；感情所至，味随之"。

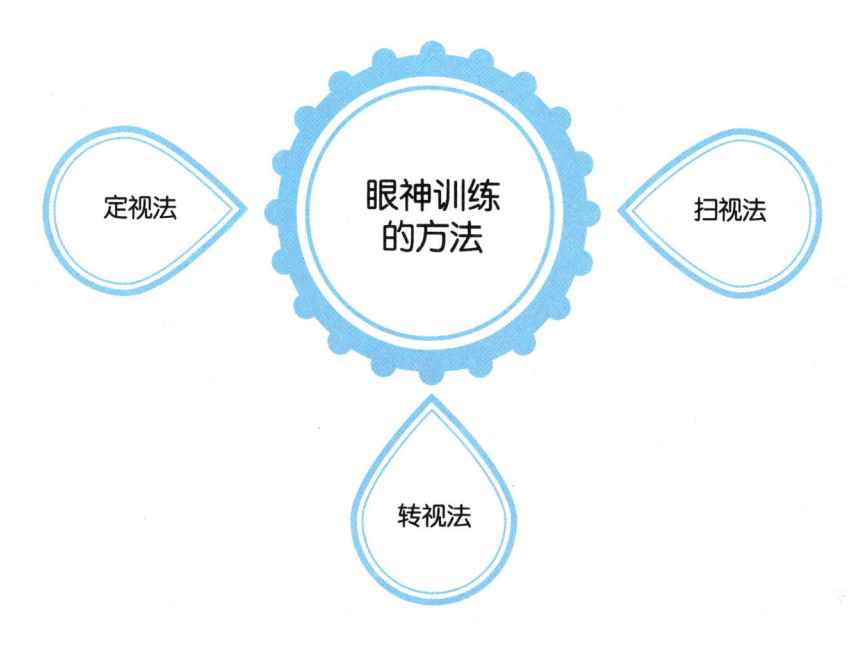

图 1-6 眼神训练的方法

（一）定视法

定视法是指眼睛盯住一个目标，又分正定法和斜定法两种。正定法是在眼前 2～3 米处选一个点作为标记点，点与眼睛齐平，再进行定眼训练。训练时，眼睛要自然睁大，但不要瞪大眼睛，目光集中，双眼正视前方所选的标记点。在一段时间后可闭眼休息，然后再睁开眼练习，反复多次。斜定法与正定法的练习方式相似，只是目光与标记点成 25°

左右的斜角，而非直线。

具体到课程教学中，如果是线上授课，那很简单，只要你找到摄像头中心的位置，再对着那个位置使用正定法练习即可。线下授课的练习就稍微复杂了，在线下，内训师千万不可以直接将学员的眼睛作为眼神的落脚点，而是找到学员脸上的大三角和小三角区域（大三角是以两个太阳穴和下巴连成的三角，其中心点在中间的鼻尖；而小三角则是两只眼睛及鼻尖连成的三角，其中心在鼻梁），再将目光聚焦到大三角或小三角的中心，并根据所处位置的不同，使用正定法和协定法进行练习即可。

若内训师直接盯着学员的眼睛看，会造成一种紧张感和压迫感，若将目光落在学员的大三角或小三角的中心，则在表明重视这位学员的同时，目光也是较为温和与自然的。

（二）转视法

转视法就是让眼珠在眼眶的上下左右来回转动，以增加眼珠的灵活性，从而增强眼睛的神采。根据转动速度、方向等的不同，又分为快转、慢转、左转、右转、定向转等。转视法的练习并不难，主要根据方向和速度相应转动即可。以左转为例，它的主要练习方法为：眼球由正前方开始，由上向左按顺序快速转一圈后，眼球立即定在正前方。这种练习一般在课堂外进行，是一个日积月累的过程，课堂上呈现的是它的最终练习效果。

（三）扫视法

扫视法是指眼睛像扫把一样，目光所及都要看清楚。扫视法又分为慢扫视和快扫视。慢扫视就是在离自己两三米的地方，找一个标记点，眼神从左到右，做放射状缓慢扫视，再从右到到左，重复刚刚的动作。快扫视与慢扫视只有速度的差别。

在线下的授课过程中，扫视法是一种比较常用的方法。在课程开始之前，内训师一进入课堂，就可以用快扫视的方法环顾四周。寻找课堂中目光和善或充满好奇的学员，向他们微笑点头示意，与学员目光交互的同时，建立自信心。对于新入行的内训师，如果课前非常紧张，也可以用这种方式来缓解紧张的情绪。此外，在上课时，使用扫视法，能够让所有学员都觉得你在注意他，从而更好地听课。

三、如何塑造有亲和力的表情

研究表明，内训师在课堂上所传递的超过 50% 的有效信息，首先是由面部表情决定的，其次是语音语调，最后才是文字。

严肃冷漠的表情，一方面容易使学员产生紧张和消极的心理，不利于课程的开展以及学员对课程内容的吸收；另一方面，容易反作用于内训师自身的心态，使原来平常轻松的心境变得紧张和沉重，而紧张沉重的心境又会影响内训师的发挥，例如讲课枯燥乏味、内容丢三落四、逻辑漏洞百出，从而导致出现不好的培训效果。由此可见，做好表情管理对内训师来说是相当重要的。

一般来说，不同性格的内训师在授课时会呈现出以下几种不同的表情，如图 1-7 所示。

授课表情

- 亲切型
- 严肃型
- 生动型
- 炯炯有神型

图 1-7　授课表情的类型

（一）亲切型

这类内训师授课细致入微，给人和蔼可亲的感觉。当学员有疑问、有需求的时候，会不厌其烦地讲解。对于课堂上出现的突发状况或不理想的状况也能加以引导或者包容。这类内训师就像一个亲切的家长或者邻家哥哥、姐姐，让学员从内心感到亲切，从而愿意靠近内训师，也乐意接受培训。

（二）严肃型

这类内训师授课严谨、全面、深刻，对学员的要求较为严格，像一个传统的师长一样严格对待课程。自己授课的态度非常端正，做起事情来一丝不苟、尽职尽责。这类内训师虽然是从认真对待课程的角度出发，但常常因为自己的表情而"劝退"不少学员，让他们感到畏惧。但如果是长期的课程，经过一段时间的磨合，学员能体会到内训师的一片苦心，知道内训师这样做是为了整个培训负责，也逐渐能接受这样的表情；但如果是短期课程，这样的表情对于成人培训来说就显得有些不太合适了。

（三）生动型

这种表情多发生在性格活泼、开朗的内训师身上。这类内训师的表情富于变化，讲到激动处能够慷慨激昂，讲到伤心处亦能潸然泪下，能够极大程度地调动学员的情绪。因为面部表情足够生动，再佐以充实的内容，能够吸引一大片学员粉丝。但如果课程时间长，课程内容多，使用生动型的表情会让内训师变得疲惫，甚至使表情由生动变得不自然。

（四）炯炯有神型

这类内训师用眼神交流做突破，用炯炯有神的目光吸引着学员的注意力。大量的研究表明，人们的态度、情绪、情感等，能够从眼神中传递出来。一些内训师正是借助这个原理，用目光作为信息的指示器，传递微妙而复杂的表情。例如，用目光表达赞许或期待，用目光提示开小差的学员等。

在以上四类表情中，亲切型的表情被认为是最适合企业内训师的。企业内训有着内容枯燥、重复，学时集中，学员年龄、教育背景等参差不齐等情况，如果一位内训师自带亲和力，那么适应任意类型的学员也自然不成问题。

很多人都问我亲和力该怎么塑造，其实还真不好说，主要靠的是你身上的这些基本功。

时下流行一种人叫"橡皮人"，什么是橡皮人？就是面孔长得像橡皮擦一样空白；还有"电脑脸"，因为长时间盯着电脑，整张脸变得僵硬无表情，这些对于内训师来说都是万万要不得的。因为面部表情不灵动，就没有亲和力而言，对传递课程信息也有害无益。

面部表情的灵动靠的是从内而外的面部肌肉动作。因此，我主张各位内训师在平时说话的时候，要注意自己的表情，最好能够做到笑着说话，这里的笑着说话指的是面带真诚的笑容说话。很多内训师把握不好这个笑的度，经常会使自己的笑容看起来很诡异，像是在嘲讽学员。因此，在笑着说话的时候，要注意眼神是笑的。即嘴角上扬，眼睛弯曲。我曾经在刚开始做内训师的时候，经常会练习眼睛弯这件事情，各位回去可以试一试，看一看自己在笑的时候，眼睛会不会有一定的弧度。一旦眼睛有了弧度，就会让人觉得你是真心的，这就叫笑达眼底。此外，在做发音练习的时候，如发"咪"这个音，就可以有意识地将它发成一个笑音，发音时面带微笑，面容和缓。

除此之外，要想让自己富有亲和力，面容和缓，最简单和直接的方式就是不断地做鬼脸和发自内心的大笑。所以我会经常这样建议向我请教的内训师，你要想练习你的亲和力，可以每天对着镜子给自己做一些鬼脸，看一些比较搞笑的段子，每天让自己发自内心的大笑几次。这样就能保证自己的面部肌肉是灵活自然的。

有人说，亲和力是天生的，后天练没有用，我完全不赞同这样的说法。固然有些人天生具有亲和力，让人想要亲近。但那些天生亲和力不足的人，也可以通过后天练习的方式，让自己的表情和缓、面部灵动，从而具有很好的亲和力。

第五节　肢体语言暗示一切

一、站有站相，坐有坐相，走有走相

俗话说"站有站相，坐有坐相，走有走相"，说的就是人们在平时立、坐、行的时候有一定的姿势。这些姿势有着自己的语言，古人更是有"夫贵人之相，立如马，坐如山。久立而挺，久坐而直者，富贵寿考人也""摇膝摆腰，坐而频移者，劣相也""坐每低头，其心如猴"等观点，这些观点虽然不一定准确，但在一定程度上反映了一个人姿势的重要性。

对于内训师来说，在授课姿势的呈现上，比一般人的要求更高。在课堂上，内训师的姿势代表着内训师的外在形象，是内训师专业性的体现。试想，如果你在上课时，遇到老师站着的时候摇头晃脑，坐着的时候不停地抖腿，东张西望，你是否会觉得他是一位很不专业的内训师呢？因此，内训师一定要呈现有风度的姿势，给人留下专业的印象。

一般来说，我们所看到的内训师在线下授课时，绝大多数都是站立的状态，而在进行线上授课的时候，则是以坐姿的方式来面对大家，虽然站与坐有些区别，但站姿和坐姿都是一样的要求，就是要让身形挺拔和直立。站姿的要求如图1-8所示。

- 重心的均衡
- 控制好自己的手臂
- 不要背对学员
- 不要遮挡投影仪
- 这样走位更安全
- 站有站相，坐有坐相，走有走相

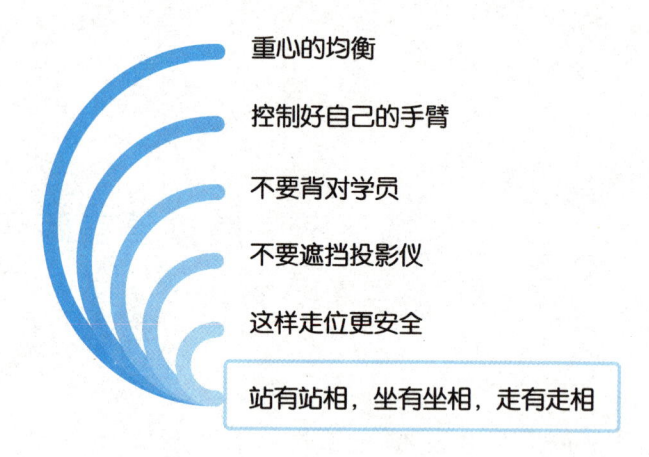

图 1-8　上课时要注意的站姿

（一）重心的均衡

站姿的动作要领是什么呢？第一是重心的均衡，身体自然挺直，重心是均衡的。而保持重心的均衡，需要注意以下几个方面。

不建议内训师在身上带太多会影响均衡的东西。在走上讲台之前，一定尽可能把自己口袋里的东西都掏出来。

1. 身上不要带太多东西

尤其是一些男性内训师，非常喜欢在口袋里放很多的东西，如钥匙、手机、钱包等，鼓鼓囊囊一大堆，或者喜欢在皮带上挂钥匙；一些女性内训师则喜欢在手机上挂一些"卡哇伊"的手机挂饰，如公仔、玩偶等，或将手机放在口袋中，而将挂饰外露。事实上，这种身上带太多物品的行为非常损害内训师的专业形象，还会因身上过多的饰物而破坏平衡性。

因此，建议各位内训师要在上课前收纳好身上多余的物品，尤其要注意别把手机放在口袋里，尽量将其调成静音放在包中，勿让它分散授课时的注意力。

2. 不要使用重心脚

很多内训师在站立的时候喜欢用重心脚，即将重心放在一只脚上，而使另一只脚松弛，隔段时间后，再换脚，如此循环。重心脚虽然能使自己站立的时候更轻松一些，但给人一种松松垮垮的感觉，长时间的重心不一致，容易使左右肩不平，站姿变得不好看。

因此，对于内训师来说，不建议这样站立，一定要尽可能地使双腿合拢站立，双腿合拢站立能够在一定程度上避免重心不一的问题，让身姿看起来挺拔，给人端庄的感觉。

（二）控制好自己的手臂

线下授课，很多内训师习惯性地靠着讲台，或者用手臂扶着讲台。这也是一个非常不好的习惯，既导致重心偏移，还会使整个人看起来很拘谨。对于一些想要散发强大"气场"的内训师来说，这样的姿势非常不利于个人形象的展示。

因此，在讲课的过程当中，内训师要注意好对自己手臂的控制。很多内训师反映，在授课的时候不知道该把手放在哪里。如果手里有笔或者话筒，还会自然一些；如果手中没有东西，手拿起也不是，放下也不是。

实际上，控制好自己的手臂，能让内训师有一个非常好的自信心的表达。自信不是自己给自己打鸡血，认为自信就自信了。自信往往可以通过一些外在的形体和姿态表现出来。而有时候反过来，外在的一些积极的姿态和形体能影响人的自信心。因此，内训师在授课时，可以在适当时用一些手臂动作表达自己的情感和语言。如用将手臂举起增加语言的气势，再辅以挺拔的身姿，整个人看上去就非常有自信了。

（三）不要背对学员

很多内训师在授课的时候对黑板或者电子白板的依赖性很高，很喜欢一边授课一边写板书，这原本是非常值得推崇和学习的方法，然而，长时间地书写板书会使自己长时间地背对学员，一方面容易挡住学员的视线，另一方面容易分散学员的注意力。因此，如果是用右手写字的内训师，最好站在学员的左侧，不遮挡学员视线的同时，向学员展示思维过程；内训师除了书写必要的板书外，尽量不要长时间地面对黑板或白板，可以使用事前制作的PPT代替板书，从而使自己尽量保持面对学员的状态。

除了板书的书写会导致背对学员外，内训师在上讲台和下讲台的时候也要注意，尽量不要让自己背对学员。例如，很多内训师会组织小组讨论，在学员讨论的时候，自己会到教室中巡查大家的讨论情况。当讨论接近尾声需要回到讲台时，最好不要一转身直接走回讲台，而要倒退着回到讲台，永远将正面面向学员。

（四）不要遮挡投影仪

虽然科技进步很快，很多线下授课已经开始使用电视LED屏等，但仍然有很多教室在使用传统的投影仪。投影仪跟LED屏不同，是通过光线的投影显示图像的。当内训师在教室前面走动时，很容易挡住投影仪的光，从而使幕布上显示的信息不全。

（五）这样走位更安全

当然，走动在授课中也是非常重要的。在线下教学当中，我们不可能始终处于一动不动的状态，偶尔的走动会让人感觉更自然。但在以下方面要格外注意。

第一，保持自信。走路时要保持自信，这可以传达出你对自己和教学内容的信心。

第二，视线要与学员有所交流。在走动时，要时刻保持与学员的视线交流，这可以建立与学员的联系并提高他们的专注度。

第三，保持适当的节奏。在教学过程中，需要根据教学内容和学员的反应来决定自己的走动节奏，避免走得太快或太慢而影响教学效果。

第四，利用教具。在走动时，可以利用黑板、幻灯片等教具来引导学员的注意力，让他们更好地理解和掌握教学内容。

第五，避免过度走动。过度的走动会分散学员的注意力，甚至可能让他们感到焦虑和不适。因此，在走动时，要适度地掌握自己的行动范围和步数，以保持专注度和学习效果。

二、手势是你的授课语气词

当新手内训师还不知道如何摆放自己的手臂时，有经验的内训师已经知道如何借助自己的手势增加气场了。

手势是一个辅助工具，可以更好地展现肢体动作。我们如果不用丰富的授课技巧，只是想靠自己的授课内容去征服学员的话，在成人培训中是很难的。尤其在线上的授课中，只有一个画面，画面只显示培训师的上半身，这时，如果你的讲授法里面没有手势，画面很大部分就是静态的，对于学员来说，注意力是很容易涣散的。因此，需要用手势使画面保持动态，用手势吸引的学员的注意力，让手势成为授课的语气助词。手势的主要性如图1-9所示。

```
          用手势保持画面动态

         手势是你
         的授课语
          气词

手势中不要有小动作      用手势作为授课的语气助词
```

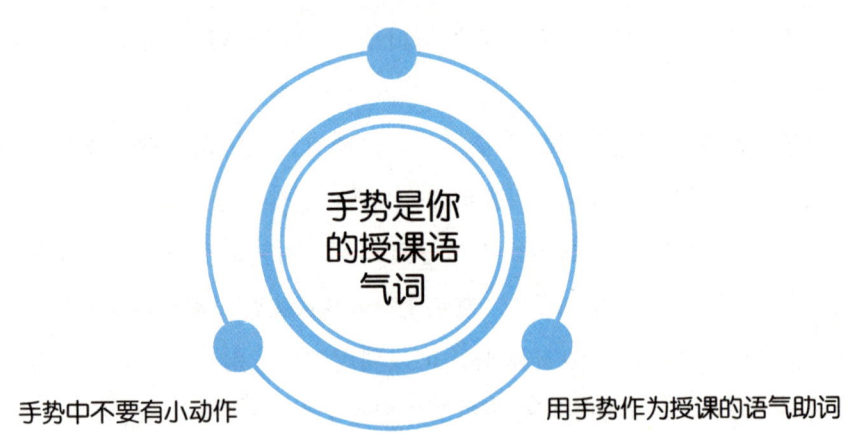

图 1-9　手势的重要性

（一）用手势保持画面动态

这一点很好理解，试想，如果一位内训师浑身一动不动、面无表情地坐在台上念稿子，这跟机器人有什么区别！而手势的运用能打破画面的静态，使整个画面生动起来。例如，你会发现一些优秀的内训师在线上授课时，会使用大量的手势，内训师需要借助这些手势，让画面动起来。因为画面过于凝滞，学员就容易走神。尤其在内训师使用讲授法讲课的时候，本身课堂就不容易出效果，这时候只能用自身的基本功去征服对方。如果画面里面没有手势，画面就没有动态，大家就容易注意力涣散。

（二）用手势作为授课的语气助词

手势对于内训师来说实际上是一项进阶的功力，对于那些新手内训师来说，尤其是那些对授课内容还不是很熟悉的内训师来说，并不主张大家练手势，因为手势一定是对课程内容非常熟悉后自然而然想要向学员呈现的动作，再加以一定的训练，就能呈现出专业的上课手势。

手势的恰当运用是能够帮助我们的语言色彩更加丰富的。在说话的时候，适当地使用手势，可以为语言的展现起到推波助澜的效果。比如用竖起大拇指点赞表示赞同，用双臂交叉表示拒绝或禁止，用握拳表示鼓舞号召等。手势本身是一个辅助工具，这个辅助工具就像是语言中的一些语气助词，能够帮助我们的语言更加丰富生动。

（三）手势中不要有小动作

虽然手势离不开手的动作，但动作过多就变成不恰当的小动作了。一般来说，我们都会在肩部以下、腰部以上的位置做手势，离开了这个位置，要不会使手势的幅度过大，而成了"舞蹈"；要不就会位置不对，成了别的含义。例如，如果是在腰线以下的位置做手势，那就不是手势了，而成了"小动作"，这样的小动作非常不大方，甚至会让学员产生不好的联想。一般来说，手势绝大多是以手掌为主，很少会用手指头在那里做手势，否则很容易展示出不礼貌的含义。

另外，有很多的内训师有转笔的习惯，拿自己的翻页笔不停地在转，这虽然使画面动态起来了，但这样的小动作是非常不可取的。要记住，不论是拿着话筒，还是拿着翻页笔；不论是单手手势，还是双手手势，都是在用自己的手势辅助自己的动态画面，即你做的所有手势都是为课程服务的。因此，与课程内容无关，会影响课程效果的"小动作"，尽量不要做。

第二章

爆款课程的底层逻辑

在成为一个合格的金牌内训师之前,我们要先了解一门好的课程应该是什么样的,怎样才算是一款爆款课程。只要我们先把爆款课程的底层逻辑了解透彻了,才知道下一步应该如何去设计课程,设计一款既不会让人觉得无聊乏味,又丰富实用的课程。

第一节　爆款＝易懂＋易学＋实用

我们先从企业学员的主要构成入手，去了解一门爆款课程应该具备的底层逻辑。

参加企业内训的学员和普通的在校学生不同，首先，他们离开学校有一段时间，对于传统课堂中那种深奥的、探究式教学已经有诸多不适应，他们的注意力比较容易分散，如果课程实在乏味，经常听几分钟的课就要看一下手机；其次，他们有一定的工作经验，来参加培训都是抱着很明确的目的，并且都希望能通过培训达成某种技能上的提升；最后，有社会经历的学员并不容易被说服，他们有着更加深刻的认识和见解，对课程的好坏有较高的标准。

那么，这些学员最容易被怎样的课程吸引呢？

在一次内训前，内训师小李委托助理对即将参加培训的学员进行了需求采访，看看这些学员都是怎么说的。

学员小红：我的文化程度不是很高，以前在学校的时候也经常逃课，所以我希望老师讲的内容不要太深奥。

学员小贾：我希望老师能讲一些对实际工作有帮助的内容，最好回去就能用上。过去我也参加了很多培训，都是老师讲的时候觉得他说的都对，但是回到工作岗位就不知道该怎么应用了。

学员小文：最好能有趣一点吧！上次那个培训，老师在讲台上讲得很嗨，底下的学员睡倒了一片！！

学员小曹：我希望能讲一些可以实际指导工作的"干货"，就是为了提升工作能力去的嘛，讲其他的我也不想听，纯粹浪费时间。

……

学员的需求五花八门，但越了解越能够发现，这些参加企业培训的学员对内训的最大要求是实用，然后是易懂和易学。

内训师老张做了十几年的企业培训，所讲的课程非常受学员的欢迎。关于爆款课程，他很有心得：

过去我们去企业授课，学员都是认真、专注的，因为他们出来培训的机会不多，都非常珍惜这种培训的机会。而去培训的老师，很多都是技术人员出身，在实际工作岗位上经历了很多年的磨炼。用现在的话说，对参加培训的学员的"痛点"拿捏得很准。因此，这些老师讲起课来，学员都很愿意听，一堂课结束以后，学员还围着老师积极踊跃地问这问那。

现在培训师都专业化了，有专门的一批人在做，有些做得很好，一听有他的课都抢着要上；有些就不行了，一上课学员睡倒一片。我感觉，培训课要想有人听，最关键的是，要用学员能听懂的话讲，讲完的东西，最好也能很快就学会，对他们的工作有实际帮助。掌握这几点，你的课就成功大半了。总结一下，实用、易懂、易学，才是培训课的重中之重。

如果从学员的角度理解和设计培训课程，那么一门爆款课程则需要具备实用、易懂和易学三个特征。

一、实用

在企业内训中，学员都带着很强的目的性来到课堂中。即他们既不是陶冶情操，也不是增加见识，他们主要的目的是寻求工作中所遇难题的解决方法。这种目的性很强的情况也使得内训师的工作简单化了，即只要将他们的难题解决，那培训课程的目的也就达到了。因此，不论如何，内训师在设计课程的时候，都要以问题为导向，多问问自己，这堂课能帮学员解决什么问题，解决的问题是否是学员的当务之急。

二、易懂

易懂就是设计课程的时候"姿态"要放低，门槛不要太高，课程是为学员服务的，当学员的层次不一致的时候，太高的门槛会"劝退"很多想要认真学习的学员。资深的内训师发现，如果在课程的前10分钟内，学员跟不上所讲内容，那么，在后面他们极有可能放弃该课程。所以深入浅出的课程能让不同层次的学员都听得懂，都有收获，这就促使他们接着往下听的动力。

三、易学

易学就是设计课程的时候要充分考虑学员的实际情况，不要设计太复杂的案例或实操方法。虽然我们都知道学习是一个复杂、枯燥、漫长、孤独的过程，但这样的过程实在不宜照搬到课堂上。在设计课程时，要尽量以"易学"作为切入点。但易学不意味着内训师只能讲那些简单、基础的内容，如果全是这样的内容，学员又会觉得没有成就感，学不到东西。最好的方式，是内训师利用模型或工具，将深奥、艰涩的知识点化解为易学易懂的内容。要做到这一点并不容易，需要内训师在日常的备课或学习中做充足的准备。因此，内训师绝不是只需要讲课的讲师，同时还需要具备一定的研究能力。

第二节 爆款=有理论+有干货+有实操

以上讲解的是以学员为中心的爆款课程逻辑，如果以课程本身为中心，从更科学、更系统的角度设计课程，我们的中心可能会有所转移。而课程内容是课程的核心，我们不妨以课程内容为中心，拆解爆款课程的底层逻辑。

小艺在一家集团的内训部门工作十多年了，从一开始的助理到内训师到课程策划人再到课程审核人，小艺在这个行业的多个岗位上学习、深造过，对课程有着独到的理解。对于课程，她是这样说的：

现在，先不管内训师水平如何，只要课件拿过来让我看一眼，我就知道课程能不能成功。有些内训师的PPT做得很好看，不论是版式、配色，还是整体结构，都相当不错。但是一看内容，就露出弊端了。为什么呢？因为逻辑不成立。内训师想讲这个内容，又想讲那个内容。把所有新鲜案例都加在PPT里，使得主题不突出，逻辑不严谨，课程架构太散乱。如此设计的课程无论多有经验的内训师去讲也不会成功。

究其原因，是课程策划人做课件的思路和一线内训师的思路完全不同。内训师做完这个课件是要去讲授的，所以他要讲什么就写什么内容，总体上课件虽然做得不太完美，但整体是符合教学逻辑的。而课程策划人脱离一线教学岗位，所做课件的着重点容易出现偏差。解决此问题的最好办法是让课程策划人和内训师进行周期性的调岗，这样才能多从对方的角度想问题，从多个角度思考课程。

总之，不论是从谁的角度出发，最终目的都是把课程设计好。一定要从课程内容出发，紧紧围绕着内容这个关键词。那么，内容又主要靠什么支撑呢？也就是本节要讲的理论、干货和实操。

一、理论

理论很好理解，说的就是一门课程的主要支撑物，理论是对实践的抽象概括，在一定程度上对实践起着指导的作用。在设计课程内容的时候，一定要以深厚的理论作为根基。只有在理论基础上发散枝叶的大树才能结出丰硕的果实。如果从一开始理论就出现了偏差，那么，不论中间的过程多么精彩，内训师讲解的内容多么地深入人心，那也只是一朵不结果实的绚丽花朵。在理论方面，内训师一定要引起注意，那就是在选取理论知识的时候，要选择符合课程要求、切合授课实际的理论，同时理论一定是高于实际的。有些内训师为了"博眼球"，经常"语出惊人"，说一些标新立异的话，乍一听很有道理，但经不起实际的推敲。

二、干货

"干货"是在理论的基础上进一步发展的内容，一般来说，配得上"干货"一词的内容，都是精炼、实用、可信的。它往往与"水货"相对。

如果不易理解什么叫"有干货",不如从什么叫课程很"水"开始。

一说起上周的培训课程,小美就来气,这课也实在太"水"了,要是讲师都是这样讲课的话,她可不打算再参加培训了。

怎么回事呢?

原来,小美在一个门店从事接待引导工作,这一次,集团总部组织了一次针对接待引导工作人员的优化培训。由于集团的门店很多,并不是所有报名参加培训的人员都能够被选中集训。小美通过自己工作的优秀表现击败了两个同事获得了这个集训名额,因此,她对这次的集训机会特别珍惜。

第一次上课的时候,小美很早就去了教室,抢坐在第一排的位置,带着当年高考时的认真劲儿,拿起笔和本子,想要认真地听老师讲课。

然而接下来老师的课程内容却让她非常失望。第一位老师大概是带着"开场"的任务来的,整节课下来,一直在讲各种各样的段子,逗得大家哈哈大笑,但实际的"干货"却没有几点,得出的结论也是人尽皆知的。课堂气氛虽然很活跃,但小美却有些失望,她把拿起的笔放下来,试图跟着大家一起笑。她想,也许只是第一位老师是这种风格,接下来的情况会发生改变吧。

轮到第二位老师,他倒是不讲段子,但板起脸来很严肃,看着很有经验和学问的样子。然而小美听了十分钟就感觉到不对劲了,这位老师根本没有一线的接待引导经验。他是按照教科书上的内容一板一眼地告诉这些一线员工应该怎么做引导,怎么做接待。殊不知,教科书中讲的是在没有其他因素干扰的理想状态的工作应对情况。真正的现实中,各种因素叠加在一起,情况远比老师讲得要复杂,员工需要更强的随机应变的能力。而这些,老师在讲课的时候完全没有提到。他所讲的内容,对一线的参考价值非常有限。小美听完他的课,长长地叹了口气。

第三、第四、第五位老师也都没有好到哪里去。整个培训下来,小美感觉失望极了,她觉得报名参加这个培训完全是浪费时间,有这个时间,还不如在店里多接待几位顾客呢，这个培训也太"水"了，以后不再参加了！

从上面的例子中，不难发现"水课"的特点，而"有干货"的课程正好与它相对。要想一个课程"有干货"，一定是在这个课程中解答了学员的疑惑，对学员以后的工作有实际的指导意义。这些干货内容一定是对诸多经验的总结，且具有易懂、易学、易操作的特点。

三、实操

实操指的是实际的案例和实际的操作。培训是一个循序渐进的过程，当学员了解了理论、干货以后，通过实操能帮助他们巩固学过的内容。对于成人培训来说，所有的学员在培训中都带有很强的目的性，而大多数的培训课程也以工作技能的提升为主，即大部分的培训是技能类培训。对于这类培训，实操是必不可少的，因为只有理论和干货的培训是"纸上谈兵"，唯有模拟实际情景和状况进行训练和练习，才能更快地掌握课程内容。同时，学员也能收获满满。而学员的获得感正是课程成为爆款的关键所在，当一个学员通过培训取得满满收获之后，他才会自发地向其他同事推荐，从而吸引更多的人关注这个课程。

第三节　节奏稳而准，内容专而精

前两节是从学员和课程内容的角度讲述爆款课程的底层逻辑，但如果从课程呈现的角度看爆款课程，我们可能又会得到不一样的答案。课程呈现是最直接的了解课程的方式。一个课程的好与坏，讲了什么内容，是不是受学员欢迎，无需太多言语，直接看课程呈现就行。有时候，碍于情面，不少学员在课后不会直截了当地指出课程的问题。或者即使隐隐约约了解到课程中是存在一些问题的，但也不知道如何总结问题。

这时候，不妨将问题抛给一些资深的内训师同行，他们可能会从另一个角度找到问题的关键所在。

老陈入行十几年了，这十几年来，他一直奋战在培训一线，期间出了不少内容优秀又受学员好评的爆款课程。现在，很多内训师在正式上课前都会进行几轮磨课，届时，都会邀请老陈去参加评审。老陈也很神奇，每次听一遍课，就能精准地指出问题所在。而那些被指出问题的内训师根据老陈的建议改正后，果然课程呈现的效果又上升了一个等级。

这是怎么回事呢，老陈评审课程的时候有什么诀窍吗？为此，有人还专门就这个问题去请教老陈，只见老陈慢慢悠悠地吐出几个字："无他，唯手熟尔。"说完，又哈哈大笑，接着又说：

"我入行的时间有十几年了，一直在一线讲课，说实在的，有些课程我听几分钟就知道行不行。你要问我怎么判断的，我只能告诉你我是从经验的角度判断的，就是一种感觉，感觉你会懂吗？就像研究卖油翁如何能将油准确地通过铜钱口导入油壶中一样，新手想的都是角度、技术、力道，甚至当时环境的风速、湿度这些外在条件。但对于熟手卖油翁来说，这些因素确实也包含其中，但是最主要的还是日积月累的经验。经验到了，手艺自然也就成了。

"课程其实也是一样的。我们不要因为别人尊称一声老师就觉得自己高人一等，讲课这件事，说白了也是一件手艺活。什么是手艺活？一个是要技术，一个是有经验的积累。讲课也一样，要有方法，要有经验的积累。

"至于你们说的爆款课程，'爆款'这个词很新，以前我们都不爱这么用，我们会说某某课程很火，听的人多，想听的人也多。这种'火'不是一开始就设计出来的，也是一个内训师经年累月用心血堆积出来的。

"现在一些年轻的内训师一上来就说'我要做爆款课程，我要打造爆款'等，这个想法是没问题，但是我要很负责任地告诉你，爆款并没有那么容易，不是一次两次就能成的，要有很扎实的经验作为基础。

"从我自己的经验来总结，就是两点，第一是内容，要专业且精准，这很好理解，相信所有提到爆款课程的讲师都会提到内容，内容是课程的基础，所有的学员都是奔着课程内容来的，如果随便找一些内容糊弄他们，那最后他们肯定会抛弃你。所以一定要讲专业的内容，且这些专业内容不是说随便找些专业知识就行，还要精准，这里的精准指的是什么呢？就是对当下的学员是有用的，正好能解决他们目前面临的问题，另外内容还得是精品，经过反复验证对学员是有用的，反复磨炼这样讲述是合理的；第二是节奏，讲课的节奏是很重要，一个内训师的节奏只能靠两点，一是天赋，二是经验。天赋好理解，有些人天生就是讲师，一来就能很好地把握课程的节奏，把课讲得很精彩，大家都爱听。但更多的人不是这样的，课程的节奏感靠经验和努力一点一点积累。我看过太多最开始一讲课声音都发抖的内训师，经过两三年的努力，最后成为业界炙手可热的内训师。这种人就很努力，也很聪明，能一下找到课程的重点，知道从内容和节奏入手。"

从课程呈现的角度来看，内容和节奏是一款爆款课程的底层逻辑。关于内容，在之前的章节中已经强调多次。从课程呈现来看，又获得了新的角度，即专而精。

专指的是专业，企业内训是对着一群专业的人讲授专业的课程。大部分的学员都有一定的专业基础，有些学员甚至是行业内的专家。因此，找一些似是而非的内容"糊弄"学员是非常不明智的。或者有些内训师怕露怯，在专业知识方面，选择浅讲，而不深入。这些都是不对的，既然要做企业内训，就要让学员有所得，专业内的知识有疑惑或不确定的话，一定要在课前找人了解清楚。内训师就是为学员培训的老师，不能在专业知识上贻笑大方，而是要真真正正让自己成为行业内的专家。

当然，只有专业是不够的，对内容的选择还要做到精准。什么程度的学员就为他们配置什么程度的内容，这说起来是很简单的一句话，实施起来并不容易。因为这个度并不好把握，需要内训师前期做大量的访谈、调研等才能完成。另外，对内训师个人来说也需要一定的经验。如果能将课堂内容和学员的需求完全匹配起来，那么，学员就能对课程内容产生高度的认同感。有了学员的高度认同感，课程自然也就成了爆款课程。

关于课堂的节奏书中提及的较少，对很多内训师来说，这是一种只可意会不可言传的经验。但不论是学员还是内训师，都能实实在在感受到课程节奏的重要性。一堂课的节奏把握好了，不仅学员听着舒服，老师讲得也有激情。如果对节奏不熟悉，不妨从以下几个方面找找节奏感，如图2-1所示。

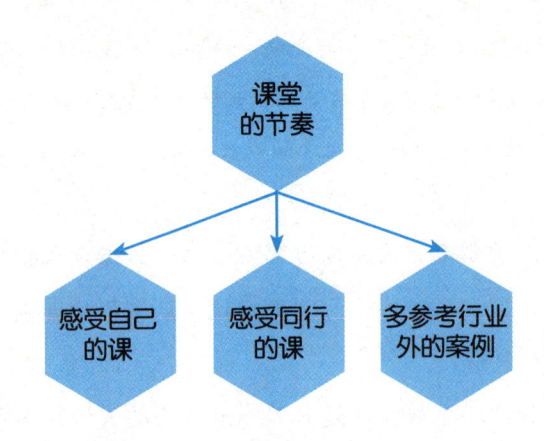

图 2-1　调节课堂节奏的方法

一、感受自己的课

先从自己的课堂入手，每次授课的时候，都有意识地感受课堂的节奏感。在课程内容设计上，可以有意识地设计首先、其次、再次、最后等表示顺序的关键词，让课程内容变得明显有逻辑性。在上课途中，有目的地调动学员的情绪，让他们跟着你的节奏听课，把握节奏的主动权。

二、感受同行的课

多听一听行业内优秀同行的课。如果对自己的课堂节奏把握不准，或者不知道从什么角度去把握课堂节奏，不妨从行业内优秀的讲师的课入手。多去旁听几次课，看看这些高手是如何调动学员情绪的，如何让他们跟着讲师的节奏走。有些内训师可能会疑惑：难道每一位内训师都有自己的课堂节奏吗？或许不一定每一位内训师都有自己的课堂节奏，但是优秀的内训师一定有！就像对音乐节奏的把握需要有一定的乐感一样，对课堂节奏的把握也需要一定的"课感"，而这种"课感"就是在多听、多练中获得的。

三、多参考行业外的案例

当以上两者应用起来都觉得有些困难的时候，不妨放下心来轻松娱乐一番，我们可以打开手机，看看网络中的直播，尤其是那些直播人气榜第一名的，不论是卖货也好，聊天也好，唱歌也好，看看那些主播是怎么把握直播的节奏的。相对于课堂，直播更加复杂，不确定因素更多，节奏感也更强。用直播的节奏感去应对课堂的节奏感，完全是向下兼容，很容易一下就能抓住课堂节奏感的精髓。

当节奏感找到以后，接下来的工作就简单了，尽量保持课堂节奏的"稳"和"准"，用适合这批学员和适合这个课程的节奏上课。企业内训有其严肃性在内，我们可以从直播卖货中学习节奏感，但不能将其真用在内训课上，那样容易消解课程的严肃性，不利于课程的展开。

第三章

打造属于自己的爆款课程

　　课程开发能力始终是内训师立于不败之地的核心竞争力，对于新手内训师来说，该如何开发课程呢？一款爆款课程可以用如下公式进行复制：把握需求＋了解课程结构＋复制爆款课程底层逻辑＋开发设计。这一章将带你直面爆款课程开发的第一现场。

第一节 逆向思维，拆解课程

一、先试着拆解一门课程

很多内训师虽然站在讲台上讲了很多课程，但对于课程是怎样设计出来的不是很了解，甚至有些内训师都没怎么听说过"课程设计"这个词。

小齐是一名入行两年的内训师，由于他所在的公司规模不大，内训师流动率高。公司为了提高内训师的工作效率和授课质量，往往统一策划授课主题，制作规范化、流程化的PPT，规定内训师的授课节奏，甚至在什么时间段讲什么内容都设计好。内训师在"出师"前只要按照策划的课程方案不断地试讲就可以。

因此，小齐虽然是一名有着两年工作经验的内训师，但是他却只会讲授两门课程。如果对方临时提出一些新的需求，小齐仅靠自己的能力完全搞不定。两年的工作，虽然一开始小齐在学会讲授那两门课程后信心满满，但随着不断地重复工作，小齐逐渐感到了厌倦，他甚至动了离职的念头。可离职又能去哪里呢？他只会讲这两门课，别的公司的课程体系和他们的完全不一样，他自己又没有设计课程的能力……

实际上，小齐并不是个案。在培训行业，像小齐所在公司这样，采用这种方式对内训师进行培训的并不在少数。公司从自身的利益出发，采用流水化的方式能最大化地提高一个新入职内训师的工作效率。然而，对于内训师个人的长期发展来说，这种方式是无益的。一名成熟且优秀的内训师，必须要会自己设计课程，自己把控上课节奏。

那么，像小齐这样的内训师该如何提升自己的工作能力呢，换言之，该从哪里入手学会做课程设计呢？

其实也不难，对于像小齐这样对课程本身非常熟悉的内训师来说，不妨从自己熟悉的课程入手，使用逆向思维，一点一点拆解课程。逆向思维是一种思考方式，可以帮助人们从不同的角度审视问题，寻找解决问题的新方法。对于内训师来说，使用逆向思维拆解课程可以帮助他们更好地理解课程，知道一个课程从无到有是怎么来的。学员在拆解课程的时候，不妨遵循以下几个步骤，如图3-1所示。

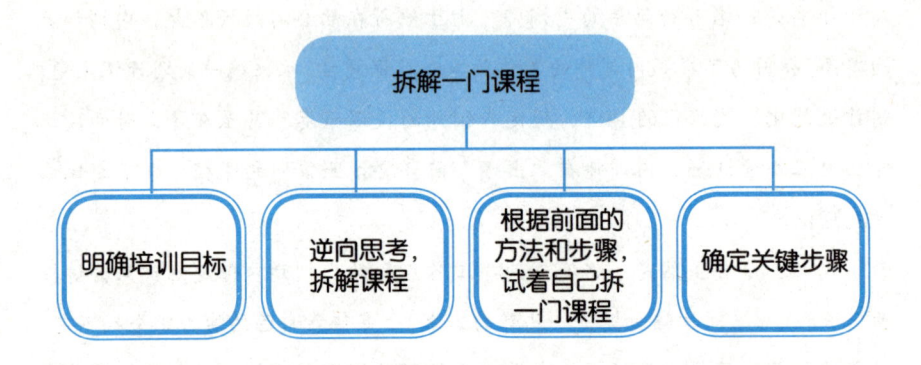

图3-1 拆解课程的步骤

（一）明确培训目标

内训师要对整个培训的目标有所了解，知道学员的一般性需求是什么。例如，会将自己的课程安排给哪些学员，这些学员的特征是什么，这门课程能够给学员带来些什么东西，学员需要掌握哪些技能或知识，以及他们需要实现哪些业务目标等。很多内训师也许会对这个步骤嗤之以鼻，觉得自己做了这么长时间的培训，难道还不知道培训目标是什么吗？其实不然，很多内训师或许会对自己课程的小目标有所思考，但对组织这场培训的大目标却一无所知。小目标是为大目标服务的，只有对大目标有深刻的把握，才能据此调整自己的小目标。

（二）逆向思考，拆解课程

接下来，内训师需要使用逆向思维来拆解课程，用自己的理解还原这个课程的学习目标、教学大纲、教学材料、教学方法、评估和反馈、资源支持、课程评估等内容。

1. 学习目标

课程应该明确说明学习者需要掌握的知识、技能和能力，以及达到的预期结果和目标。

2. 教学大纲

课程的教学大纲应该详细描述课程内容、主题和模块，并且给出每个模块的学习目标和目的。

3. 教学材料

这包括教师讲义、学习手册、教学视频、研究案例等，以支持学习者在课程中获取必要的信息和知识。

4. 教学方法

课程应该使用适当的教学方法和策略，以确保学习者理解和应用所学的内容。例如，讲座、小组讨论、角色扮演、案例分析等。

5. 评估和反馈

为了确保学习者掌握课程的内容，课程应该包括评估方法和反馈机制。例如，作业、项目分组作业、反馈会议、考试等。

6. 资源和支持

课程应该提供必要的资源和支持，以帮助学习者顺利完成课程。例如，在线学习平台、教师指导、同伴支持等。

7. 课程评估

课程结束后，应该进行课程评估，以确定课程的效果和提高方向。例如，学习者满意度调查和学习成果评估等。

（三）根据前面的方法和步骤，试着自己拆一门课程

例如，小齐就将他"项目管理基础"的课程拆解为如下的内容：

1. 学习目标

①理解项目管理的基本概念和术语。
②掌握项目生命周期和各个阶段的管理方法。
③理解项目管理的关键角色和职责。
④熟悉项目管理工具和技术。

2. 教学大纲

①项目管理基础概念和术语。

②项目生命周期和各个阶段的管理方法。

③项目管理的关键角色和职责。

④项目管理工具和技术。

⑤实践案例分析。

3. 教学材料

①项目管理基础讲义。

②学习手册。

③项目管理工具和模板。

④实践案例分析材料。

4. 教学方法

①讲座：介绍项目管理基础概念和术语。

②小组讨论：让学习者讨论项目生命周期和各个阶段的管理方法。

③角色扮演：让学习者模拟项目管理角色和职责。

④案例分析：让学习者应用所学知识和技能解决实践案例问题。

5. 评估和反馈

①作业：让学习者完成项目计划书和项目执行计划书。

②项目分组作业：让学习者组成小组完成一个真实案例的项目管理计划和执行计划。

③反馈会议：为学习者提供个性化的反馈和建议。

6. 资源和支持

①在线学习平台：提供讲义、手册和案例分析材料。

②教师指导：教师可以为学习者提供实时的指导和支持。

③同伴支持：学习者可以通过小组讨论和项目分组作业相互支持。

7. 课程评估

①学习者满意度调查：确定学习者对课程的评价和反馈。

②学习成果评估：通过考试和项目分组作业评估学习者掌握的知识和技能。

（四）确定关键步骤

在逆向分解过程中，内训师需要确定哪些步骤是最关键的，哪些步骤是最容易出错的，以及哪些步骤可能需要更多的练习和演示。

使用逆向思维拆解课程可以帮助内训师更加深入地理解学员的需求，并且更加有针对性地设计培训课程。这样可以提高培训的效果和学员的满意度，让培训更加有效。

二、再把课程组装回去

基于上一节所提到的步骤和关键点，我们大概了解了一门课程的主要框架是由什么构成的。在此基础上，再回过头来看自己所教授的课程，整个脉络便清晰起来。

小齐用上述方法将自己的课程拆解以后，感觉豁然开朗，一下就明白了课程设计的基本流程。之前死记硬背才记住的话术，在脑子里变得流畅起来，他好像知道为什么要这样做了。经过此次课程的拆解，再去上课的时候，小齐感觉自信了很多，对自己的课程也不再那么排斥，当他带着自己的目标再去看课件内容的时候，也有了很多新的想法和理解。他甚至觉得，自己可以尝试再去开发一门另外的课程。

当然，我们都知道，拆解课程不是目的，目的是学会如何设计课程。就像一个小朋友研究一个玩具一样，拆卸不是关键，关键是拆卸后如何组装回去。如果一个小朋友能够完完整整地将一个拆卸下来的玩具组装回去，那么我们认为这个小朋友对这个玩具的构造十有八九已经了解了。同样的道理，当一个内训师在拆解课程后，能够根据拆解的课程，再设计一门相似的课程，那么，我们也可以认为这位内训师对课程设计已经了然于胸了。

小齐之前讲授得较多的是"项目基础管理"这门课程，这次，他找到了一个相近的选题，试着自己设计一门面向初学者的项目管理培训课程。他是这样进行设计的。

（一）培训目标

该课程的主要目标是帮助学员了解项目管理的基本概念、原则和实践，并具备基本的项目管理技能，能够在实践中有效地规划、实施和监控项目。

（二）课程内容

1. 项目管理基础

①项目概念、项目生命周期和项目管理的基本原则。

②项目管理团队的组成和职责分工。

③项目需求分析、范围管理、进度管理、成本管理、质量管理、风

险管理和变更管理等方面的基本知识。

2. 项目计划与规划

①项目计划制定和调整的步骤和方法。

②项目管理文档的编写和维护。

③项目管理工具的使用技巧，如甘特图、PERT 图、WBS 等。

3. 项目执行与控制

①项目执行和控制的基本流程和方法。

②项目进度、成本、质量、风险等方面的监控和控制方法。

③项目管理工具和技术的应用实践。

4. 项目收尾和验收

①项目收尾和验收的步骤和方法。

②项目报告和总结的编写和提交。

③项目经验的总结和分享。

（三）培训方式和时间安排

该课程可以采用在线课程、面对面课程或混合模式进行，时间可根据学员的实际情况而定，建议在 4～6 周完成。

（四）教学资源

①课程讲义和学习手册。

②项目管理工具和模板。
③项目管理案例和实践任务。
④项目管理软件的试用版或在线应用。

（五）培训评估

①学员满意度调查。
②课程学习成果的评估，如考试、作业和项目管理实践任务等。

小齐将他设计的课程交给了业内的一位资深内训师，请他批评指正。那位内训师拿到课程设计后，总体上肯定了小齐的课程设计方案，又在一些地方提出了修改意见，小齐照着这位内训师的修改意见认真地修改了他的课程设计。

随后，他利用业余时间试讲了几次，再根据试讲的感觉重新调整课程设计。经过几轮打磨，等到他觉得这个课程设计已经非常成熟了，便将自己设计的这个课程方案交给了领导。领导拿到课程方案后，先是吃了一惊，他惊讶于平时言语不多的小齐竟然有自己设计课程的意识。当他仔细看完课程设计后，他对小齐竖起了大拇指。他认为小齐的这个课程设计非常成熟，可以小范围地在一些地区进行试讲，如果效果好的话，可以在整个集团内部进行推广。

得到肯定的小齐备受鼓舞，他暗下决心，要自己学着设计更多的课程！

课程设计的主要支点是基于逆向分解得到的步骤和关键点。再以这些步骤和关键点为核心，举一反三，就能组装成一个相似的课程。在不断地拆解—组装的过程中，内训师很容易就能把握住一堂课的精髓，再也不用像过去一样，只是一个授课"工具人"，只能讲公司安排的课程。

课程的拆解和设计在一定程度上让内训师具备了内生的创造力和创作能力，这是内训师向更高阶迈进的关键。

三、让课程充满个人色彩

如果说设计培训课程是一个内训师成为优秀内训师的关键，那么，将课程打上内训师的个人烙印，让课程充满个人魅力则是内训师成为"大咖"的必经之路。如果你经常在工作之余听同业其他内训师讲课，或者跳出自己的行业去听别的优秀讲师授课，你就会发现，那些优秀的讲师都极具个人色彩，不论是台风、语音语调、授课方式，甚至是课件中的案例，都极具个人风格。尽管他们讲得是千篇一律的主题，但也能从极具个人经验的案例入手，破解主题，将这个主题讲得有声有色，如图3-2所示。

让课程充满个人色彩

01 学员不需要"AI讲师"，而需要有温度的讲师

02 个人经验是区别于其他讲师的关键

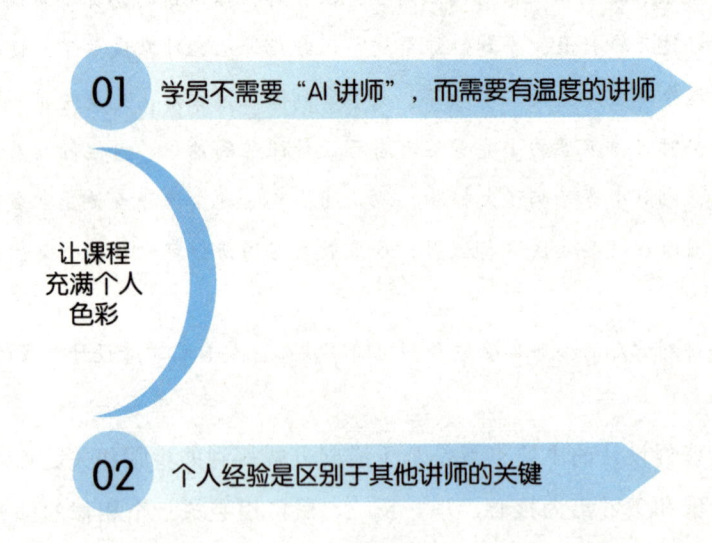

图3-2 打造特色课程的条件

（一）学员不需要"AI 讲师"，而需要有温度的讲师

当你以学员的角度选择课程时，一定也会选择极具个人风格的内训师的课程。而那种一看就知道经过流水线设计的课程，讲师的课件固定，案例雷同，授课脚本相似，甚至课堂中调节气氛的段子也一模一样，听一两次会觉得新鲜，当你识破他的授课逻辑后，就会觉得索然无味。当然，这种课程给学员带来的知识也是有限的。

小鹏已经在所在行业工作五年，这五年来，他跳槽四次，参加了五次新员工培训。多次培训下来，他发现，尽管身处不同的公司，但是这些公司设计新员工课程的逻辑是类似的。甚至有几门课，讲师的课件都一模一样，而讲师讲授的内容也大同小异。当小鹏怀着新员工的热情，向内训师发问，希望获得更多的知识和信息时，这些内训师们通常支支吾吾，回答不上来。

小鹏渐渐明白，他遇到的是"AI 讲师"，只会讲解课件上的内容，超出课件范围，"AI 讲师"的 CPU 就运行不过来了，甚至开始胡言乱语。这些内训师的表现让小鹏觉得沮丧，他对这些课程不再抱有希望，甚至在入职之前的其他培训中，他也不再积极参与，就算参加了培训，也是坐着低头玩手机。

我们甚至都不需要做过多的调查，只需要设身处地地想一想，就能知道学员是不需要那种流水线上出来的"AI 讲师"，而是需要有温度、有经验的讲师。

与小鹏相反，小天就比较幸运。他入职了一家大型企业，在新员工培训的时候，小天算是"见了世面"，来给他们讲课的，都是业界鼎鼎大名的内训师，尽管已经成了业界"大咖"，但他们讲起课来绝不含糊。不仅精心准备课件，讲起课也是妙趣横生，其中所引用的案例，更是小天这个层面接触不到的事件。

听"大咖"们讲课,在"大咖"们的带领下,可以对整个行业进行盘点。几天的培训下来,小天心中充满了自豪之情,对这个行业的认知度也更高了一层。他以入职这家企业为荣,决定要在这里干出一番事业。

(二)个人经验是区别于其他讲师的关键

很多内训师一定有这样的疑惑:"我在进入内训师这个行业的时候,一直接受的就是这种流水线式的培训,除了讲课外,也不会讲别的呀;另外,'大咖'也不是一天炼成的,不能说我想成为'大咖'就能成为大咖的。"

确实,"大咖"不是一天炼成的,大咖也不是想成为就能成为的,拿新入行的内训师与"大咖"进行对比,确实过于残忍了。但新入职内训师要明确的是,不能像咸鱼一样,躺在过去的经验里,不做任何改变。长此以往,只会成为一个"老油条"。内训师要做的是,慢慢向"大咖"靠拢,吸取经验,努力成为他们。

不让自己成为"AI讲师",最关键的一步,是加入自己的个人经验,让自己的课程变得有温度起来。个人经验是一个人无穷的宝藏,个人经验也是一个人区别于别人的关键。每个人都有自己独特的经历,利用好这些经历,能为你的课程增添色彩。

小曾就是那种所谓的流水线上的内训师,入职两年以来,他一直在思考怎么突破自己,他讲的是公司为他统一定制的课程,每一次他都听话地照着课程大纲进行讲解。但他很聪明,讲了两三次,就对这些内容烂熟于心了。于是,在接下来的每一次讲课中,他都在想着怎么去突破,让他的课程变得更加精彩。

小曾在成为内训师之前，是一位非常关心时事政治的文科生。经常能对发生的时事有非常独到的理解和解释。他对理论的解析能力很强，经常能将一些深奥的理论转变成贴切又容易理解的话语。

他做的第一次尝试，是将课程中的一个案例换成了一个最近刚刚发生、影响巨大且与课程更加贴合的案例。因为在讲课中，尤其讲到案例的时候，他发现，学员对要开始讲解的案例是非常期待的。但有时随着他慢慢将案例展开，大家会露出失望的表情，主要原因是，这些案例太过老旧，很多学员早已听过了。而小曾的这次更换案例的尝试非常成功，他永远也忘不了当他讲出这个新案例时，学员们兴奋和赞许的表情。

在这次成功尝试的鼓舞下，他又试着在讲课的时候，融入一些个人的、更接地气的解释。来参加企业培训的一般都是有工作经历的"社会人"，他们离开学校已经有一段时间，在工作中也积累了一定的经验，对事物有自己的理解。然而在小曾之前的课中，经常会出现一些"悬浮"的理论，即说起来都对，但听起来非常没意思。这些理论对现实的指导意义也很差。这类理论多了，就逐渐和实际成了"两张皮"，大家都知道它"正确"，但也清楚它"没用"。而小曾的这种自己的、更接地气的讲解，是对理论的进一步解释。一方面，有对理论的解释；另一方面，在学员看来，小曾的话直白却受用，直接击中问题的核心。

因为经过几次成功的尝试，小曾的课大受欢迎，他每天的行程都安排的满满当当，而小曾自己也逐渐成长为一个资深的内训师。在此后的课程中，他举重若轻，经常在课程中穿插一些有趣的个人经历，这些经历真实而有趣，引得学员爆笑连连，同时又觉得受益匪浅。

小曾就这样成了最受欢迎的内训师。很多内训师羡慕他的成就，想模仿他的课程，后来发现，虽然课件可以模仿，但是他的课堂节奏和对时事的追踪、关注，以及在课堂中的随机应变是无法模仿的，他的课程有独一无二之处。

第二节　从复制到开发与设计

一、轻复制：不是简单地模仿复制

人类的学习大多是从模仿开始的，课程设计也不例外。让一名新入行的内训师一下子设计一门爆款课程是很不现实的。因此，聪明的内训师会选择一门好模仿的课程先进行简单的复制。如何复制一门课程呢？

小静是一位入行五年的内训师，从一开始根本不知道内训师是做什么的，不知道课程设计是什么意思，到现在能单独开发和设计课程，并且能把课程讲授得非常精彩。不少人向她讨教经验，她是这样说的：

"我是误打误撞入了这一行的，入行后，企业内内训师人数特别少，几乎需要我一个人挑起一个区域的培训。那时候又没有任何地方去询问或了解，只能自己琢磨。我一开始研究中小学老师怎么上课，我想都是讲课嘛，应该差别不大。后来发现差别还是挺大的，中小学的课程都讲得很细，对象也都是学生，互动做得很好。而我们的课程对象是成年人，几天内要做完集训，所有课程做不到像中小学的课程一样细致。

"尽管从中小学课程中没有获得太多的授课经验，但是听过的一堂作文课给我留下了深刻的印象。那位老师教小朋友怎么写作文，因为大部分的小朋友都不太会写作文，因此老师就让他们从摘抄好词好句入手，再挑一篇自己认为的好作文进行仿写。

"这一下子就击中我了，我想，我不就是那个不会写作文的学生吗？既然我也不知道我的课程该怎么上，是不是也可以像学生写作文一样，先从'摘抄'和'仿写'入手？但其实模仿这件事对于当时刚入行的我来说，是有很大的心理压力的，因为我始终认为课程讲授和设计一定要是原创的。

"但我宽慰自己，我先在家模仿他的课，出去讲的时候不用它，这样应该没有关系吧。因此我在家认真研究了业内非常火爆的一门课程，这门课程的主题正好与我准备上课的主题相似。

"我从那位讲师讲课的课程结构、逻辑顺序、案例分析等开始一点一点的研究，甚至连他讲课的语音语调、手势、台风都研究了。我开始模仿他的感觉讲了一遍我自己的课程。一开始讲得还有点生疏，但是几遍下来以后，我觉得渐渐找到感觉了。便又开始尝试加入一些自己的个人元素，接着在家又练习了几遍。这次我感觉好多了。

"在此之后，我又按照自己的理解和感觉练习了几遍。那位讲师的元素在我的讲课过程中已经越来越少，而我自己的风格则越来越凸显了，当练习到我觉得完全是自己的东西以后，我就勇敢地站到讲台上，然后'一炮而红'，获得了大量学员的好评。"

很多新入行的内训师都不知道如何授课，更不用说开发和设计课程了。万事开头难，如果真的觉得这个头很难开，不妨从模仿开始。相对于独立设计和独立开发，模仿要简单得多。在进行模仿复制的时候，可以遵循以下的步骤。

（一）没有任何授课经验

如果你什么也不会，是一个完完全全的授课小白，那就按照对应课程讲师的授课内容，一字一句地直接照搬背诵，使用他的课件，使用他的话术，模仿他的提问，模仿他的语音语调……在模仿中一点一点找到成为一个内训师的感觉。这一步步的模仿与授课内容完全无关，主要是借用别人现有的课件模拟自己的课堂。

（二）有一定的授课经验

如果你有一定的授课经验，但是自己的课程总是拿不出手，不知道怎么设计，那就找一个相似且成熟的并且非常成功的课程，去反复听。在听的过程中提炼讲师的重点和找寻讲课的闪光点。然后复原出这个课程的基本结构和逻辑。将自己的课程与复原出的课程结构和逻辑比对，根据对方课程的结构和逻辑修改自己的课程结构和逻辑。一般这个时候，内训师就能发现自己的课程结构或逻辑中存在的缺陷和不足，例如，有些内训师的课程结构头重脚轻，逻辑不严谨等。对于这种有授课经验的内训师，课程主要的问题是结构和逻辑方面的问题，如果能比对着优秀讲师的课程去发现和弥补自己的不足，那进步就非常快速了。

（三）授课经验较为丰富

如果你的课程比较成熟，也出去讲了很多次，但课程总是不爆，总好像缺少那么一点东西，那么，不妨多听几门爆款课程，听同行的爆款课程，听其他行业的爆款课程，听突然爆的课程，听不停爆的课程……在不停地听爆款课程和不断地听爆款课程之中，总有一天，你会找到一点爆款课程的感觉，再用这个感觉去修改自己的课程，直到自己的课程也成为爆款为止。一般来说，成熟课程的结构和逻辑都没有太大问题，主要的问题在于乏味和不能一直吸引学员的注意，或者在这个课程中学员的获得感太少等。总之，出问题的很可能是"用户体验"方面的问题。而这些问题，对于内训师自己来说是很难发现的，或者即使有人对他说了，他也意识不到这是个问题，或者即使意识到这是个问题了，也不知道如何去改正。这时候，最简单的办法就是向那些爆款课程学习，去复制它们的趣味性，去复制它们是如何吸引学员的注意，去复制它们是如何提高学员的获得感，去复制它们是如何提高学员的"用户体验"的。

对于轻复制来说，不是简单机械的模仿复制，而是立足于自身的实际，根据自己的需要，从优秀的课程中选取自己需要的内容进行更高阶的模仿和学习。在最开始，轻复制一定着重在"复制"，当有了一定的基础之后，轻复制一定着重在"轻"，是对学习的举重若轻，是对课程的驾轻就熟。

二、轻开发：把想法写出来，不太成熟也没关系

当对如何复制一门课程有了感觉之后，就可以自己试着开发一门课程。在前面的章节中，实际上对于如何开发课程，已经从逆向思维的方面进行了一定的讲解。优秀的内训师读到这里，心中对开发课程一定有了自己的见解和看法。这里将从另一个角度讲解如何从复制到开发一门课程。

在业界，王姐是一位公认的聪明且有想法的内训师。她的学历并不高，在开始面试时，主考官认为她的学识和经历不足以使她成为一名内训师，因此，面试官的态度是有保留的。但鉴于她对内训师工作的极大热情，还是给了她

一个留下来工作的机会，让她给一位资深的内训师当助理，做一下整理课件、预定机票、课前课后服务之类的工作。

换成别人，也许看不上这份工作，但王姐却满心欢喜地留下来了。王姐是一个很善于学习的人，她深深知道自己的短板在哪里。因此，每次在做好自己分内工作的同时，总是会向她所服务的内训师学习。这份助理的工作有一个好处就是能接触到业内顶尖的内训师。一般来说，集团更倾向于给顶尖的内训师配备助理。因此，王姐得到了很多和顶尖内训师请教和学习的机会。

例如，有时候，她会提前拿到讲师的课件，主要用来检查错别字以及提前预播以便在培训的时候更好使用。这时，她就会提前学习讲师的课件。一开始也就是盲目地看，看自己感兴趣的内容，但也没有什么特别的感觉；看的次数多了，她竟然也能提出一些小问题和自己的修改建议；到最后，她甚至还能给这些课件打分。到了课堂上她也没闲着，别的助理在完成自己的工作后，一般都在教室的最后排玩手机等着讲师的指令，但王姐却拿着自己的本子认真地听讲师的课。一开始，听的是知识点，到后来，她是比着课件跟着讲师，想象自己就是讲台上的讲师，该怎么上课。每当她有新的想法，就随时将这些想法记录在笔记本上。渐渐地，笔记本记满了，她对授课也越来越有感觉了。

属于王姐的机会终于来了，一次，对方临时要求讲师改变授课主题，留给讲师的时间很短，而这个主题恰好是对接的这位讲师没有讲过的，这种情况即使是行业顶尖的内训师也束手无策。在这个时候，王姐站了出来，因为她过眼的课件太多了，一下就知道这个主题要怎么讲。于是，她很快就写好了课程大纲，帮讲师做好了课件。

讲师看了王姐准备的课件和课程大纲后，大为惊讶。虽然有些许不足之处，但略作调整后，就是一个非常优秀的课程。第二天，讲师拿着这个课程和学员们见面了。讲完课后，也获得了学员的一致好评。

经过此事，讲师向领导力荐王姐，并建议她就用她准备的那个课程作为内训师职业生涯的第一课。这位讲师亲自带领王姐,并将自己的经验一一传授给王姐。

王姐有了讲师的指引,再加上自己的勤奋努力,以及做助理时候打下的基础,进步飞快,没过多久,就成了行业内名声大噪的内训师。

从王姐的案例可以看到,她从一个内训师面试都没有通过的助理到内训师大咖,走的就是从复制到开发的路径。

开发是更高阶的复制,有了复制的基础,开发就是水到渠成的事情。在这里也提醒各位内训师,入行以后千万不要着急,不要想着一下子就成为一名闻名业内的大咖。

内训师的发展有其规律,第一步当然就是不断地学习,复制别人的东西为自己所用。这时候,千万要坐得住冷板凳,不要心浮气躁,也不要走偏门。复制和抄袭完全是两个概念,我们提倡有总结、有思考的学习和复制,但坚决抵制那种简单的抄袭。很多内训师在成为内训师之前,或者在行业内有丰富的经验,或者在其他领域有丰富的授课经历,或者在学生时代就对培训情有独钟,不论是哪种情况进入内训师的领域,大家就都是新人。我们提倡通过复制、思考、总结的形式发散思维,举一反三,触类旁通,赋予内训师这个职业更多的可能性。

当有了一定的基础后,开发就是呼之欲出的东西了。看了那么多的课件、听了那么多讲师的课程,心里面一定对课程有了自己的想法,一定对如何讲课有了自己的想象。这时候,不妨找一个与模仿对象不同主题的课程,试着将自己的想法写下来,不太成熟也没关系。因为当你将想法写下来的那一刻,开发课程这件事情就已经开始了。而接下来的工作,就是设计。

三、轻设计：一个内训师的核心竞争力

当有了开发的想法和动机以后，接下来要做的就是设计了。如果我们用孩子搭乐高这个活动来做比喻，也就是当他脑子里有想要实现的想法以后，接下来就是帮助他设计和实现这个想法。

设计是对开发的进一步体现，如果说只要将自己对课程的想法写下来，开发这件事情就已经成立了，那么设计就是对写下来的那些不太成熟的课程大纲的优化和再造。

设计一门课程并不是那么容易的事情，当小吴有了开发设计一个专属于自己的课程的想法后，他前前后后写了六稿，才觉得稍微满意一些。当他将自己的得意之作拿给师傅点评时，师傅在他的方案上写满了批注，提了一堆为什么。如，这个案例为什么搭配这个概念？为什么将这段话作为开篇？这里这样设计的初衷是什么？上这个课的主要目的是什么？为什么整个课程看起来这么散？……

这些问题确实是小吴之前没有想过的，他一时回答不上来。于是拿着这份手稿回去细细地琢磨了一番，将师傅提的问题划掉一个，就代表解决了一个。当他将师傅所有的问题都划掉后，突然对这个课程方案有了新的理解。

小吴将零散的材料重组后，形成了一个新的方案，并将这个方案又交给师傅。这一次，师傅没有像上次一样提出一堆问题，而是让他按照自己的设计，亲自进行现场试讲，再根据台下同事们的建议进行修改优化。

接下来就能拿到学员面前讲课了吧！可师傅说还不到时候，他让小吴再找几个小班的学员试讲几次。让小吴看看这个课程面对真正的学员是什么效果。小吴按照师傅的建议，找了大约30人的学员班试讲了这个课程。与同事给小吴提的建议不同，学员给小吴提的问题和建议都是非常具体的，有些甚至超过了课程本身。因为通常同行一看到你的课件就知道你要干什么，所以

提出的问题不会超纲；但学员不知道这些，他们想到的是自己心中的问题，将老师的课程当作解决问题的方法和手段，他们是就自己心中的问题提问的，可能和课程本身的关系不大，但如果这是一个共性的问题的话，讲师必须在课程中做好应答的准备。

经过了这么多次的修改和优化，小吴的这个课程总算设计完成了，但师傅告诉小吴，这还不是一个完完全全的成品，还需要在上课的途中，根据学员的反映、意见、建议，不断优化和改进。

从复制到开发再到设计这一步，课程总算完成了从无到有的过程。而这个课程是凝结着内训师心血的结晶，完全可以成为内训师的个人成果。在这个越来越"卷"，且快速发展的时代，对于一个内训师来说，仅仅会讲课是完全不够的，线上课程的大规模流行，录播课的普及，给普通的、只会讲课的内训师造成了严重的威胁。内训师必须具备自己的核心竞争力，会开发和设计课程就是其中之一。

对于整个的开发设计课程来说，复制只是方法之一，并不是必须和必然的方法，如果内训师有别的途径实现开发和设计课程，那自然是再好不过的。但我们同时也要意识到，在行业内，存在着一大批没有设计或开发能力的内训师，这些内训师有些是刚入行的，有些则已经非常资深了。在此之前，大家对内训师的要求只是能讲好课就行，无需担心课程的来源，那些可以交给策划人员来开发设计。但现在，仅仅会讲课已经不够了，而策划人员与一线教学的脱节，又要求我们更多面向一线教学的内训师自己要具备开发和设计课程的能力。

而对于大多数讲惯了课的内训师来说，开发和设计课程是痛苦而艰难的，这时候，不妨遵照本书的建议，从轻复制入手，到轻开发，再到轻设计。每一步虽然有一定的难度，但更多的时候，只需要勤奋和努力，加上稍微的思考就可以实现。平地起高楼是难的，但如果有了地基和设计图纸，就会简单很多。但难题太难的时候，则可以拆解成可实现的小步骤，再按部就班，一点一点实现和完成。

通常来说，走到这一步的内训师，对课程的开发和设计已经有了一定的想法。当有想法的时候，做一个行动者，立刻去实现它吧。

第四章

把握需求，直击痛点

有些内训师认为，只要自己的课上得好，其他事情都不重要。其实不是这样的。设计了一门好的课程，还需要了解学员的需求和问题，进行有效的沟通，这样才能有针对性地设计课程，提高学员的学习效果和满意度。

第一节　提前做好沟通，不做"背锅侠"

很多内训师以为，只要自己的课上得好，其他的一切都可以不用理会。而实际情况是，随着企业内部的分工越来越细致，出现很多因与工作人员沟通不畅而导致内训师"背锅"的情况。

小程最近收到了公司的一则培训通知，通知他所在的部门利用业务空闲时段参加公司内部组织的业务提升培训。通知是这样写的：

课程名称：销售技巧培训
课程时间：两天，共计16小时
课程目标： 帮助参与者掌握高效的销售技巧和策略，提高销售绩效和客户满意度
课程大纲： 第一天： 上午：　　　　　　　　　　　下午： 介绍课程内容和目标　　　　　如何进行销售谈判 理解客户需求和心理　　　　　解决客户疑虑和反对意见 建立良好的客户关系　　　　　战胜销售困境和挑战 掌握有效的沟通技巧和销售话术

第二天：
上午：　　　　　　　　　　　　下午：
如何进行有效的销售演示　　　　如何销售高端产品和服务
提高销售谈判技巧和技巧　　　　提高销售与客户满意度
管理客户关系　　　　　　　　　总结和回顾课程内容
培训方式：
讲座、小组讨论、角色扮演、案例分析等多种形式相结合
参与者要求：
销售人员、客户服务人员、市场人员和其他有关销售的人员等

小程一看是与销售相关的培训，而自己又是相关的市场人员，便满心欢喜地和部门同事一起报名参加了这次培训。

第一天上午课程的针对性很强，小程和同事们都觉得这次的培训很实用，自己学习到了不少东西。然而到了下午，他们发现课程开始"变味"了。尤其到了"解决客户疑虑和反对意见"这一部分时，内训师讲的内容和实际情况完全不符。小程这批学员所面对的客户主要是一些二级经销商，是一些比较固定的客户，平时不直接面对散户。而内训师所说的客户则是平时到店的散户。虽然整节课下来，内训师的例子生动，讲起话来滔滔不绝。然而，由于课程内容与实际情况差的实在有些多，小程发现，周围的位置已经空了一半，剩下的大部分学员也已经开始低头玩手机，甚至还有小部分学员打起了瞌睡，场面非常低迷。

以上是一则课程内容和学员需求不符的案例，我们甚至可以断言，这就是由于前期工作没做好而导致的。学员想要 A，而工作人员沟通时，却说成了 B，内训师按照 B 的内容来准备课程，就遭到了冷遇。内训师很茫然，心想："我完全是按照工作人员的需求准备的课程，怎么学员的反映这么冷淡，是自己讲得不够好吗？还是这里的学员水平太高了，有更高的需求？"学员也很难受，他们认为："这完全不是我想要的，我大老远从外地赶回本部培训，是想学一些真本领，而讲的内容完全不是我需要的，我是玩手机呢？还是离开呢？"

这虽然是工作人员的工作失误，却成了内训师一个人的"锅"。因此，内训师为了避免"背锅"，即使前期沟通工作不一定是自己的职责，在实际上课之前，也一定要亲自确认和过问。一般来说，在上课前，内训师要做好以下几个方面的沟通和确认。

一、授课主题和授课大纲的沟通确认

在培训之前，内训师要和工作人员再一次确认授课主题和授课大纲，以便确保自己所准备的课程是对方想要的。同时，也要让对方大致了解培训的内容和预期的成果。

二、学员需求的沟通确认

了解学员的构成，从而推断他们的实际需求和期望，以便调整培训内容和方式，并最大限度地满足他们的需求。在实际沟通过程中，很多内训师其实都会和对方确认学员的需求，然而，经常得到一些泛泛的回答，如，提高学员的销售能力，提高学员的沟通能力等。这些宽泛的主题并不利于内训师准备培训主题。因此，最好、最快、最简单的方式就是根据此次培训学员的构成去推断他们的实际需求和期望。对同一个行业来说，一般不同的工龄段或者不同岗位的学员都有其较为固定且特征突出的培训期望。内训师可根据这些特征再结合对方给出的培训需求准备此次培训的主题和内容。

三、培训时间和地点的沟通

一般来说，这方面的沟通交给助理或者相关工作人员即可，但在开始培训前，内训师依然有必要亲自确认培训时间和地点，以确保自己能够准时到达培训现场。培训对于企业来说，是在生产之外的额外项目，企业最终还是以生产为主要要务，所以一般会将培训时间安排在不太忙的时候。然而，当企业内部有突然的工作任务时，会优先考虑自己的工作任务，从而调整培训的时间。因此，虽然有时培训时间很早就已经确定下来，但中途依然会有变化。内训师在培训前，一定要亲自确认好培训的时间和地点，以便能够准时到达培训现场。

四、培训材料的沟通确认

这里指的是培训现场需要提供的培训材料，如手册、工具等，以便学员事先准备和学习。内训师需要根据自己的课程计划，要求对方准备相关的培训材料，如纸、笔或其他较为复杂的工具等。这些都需要和对方的工作人员提前沟通确认，以免影响授课效果。

五、学员反馈的沟通

在培训之后，内训师要收集学员对本次培训的反馈意见，以便了解他们对课程内容和授课方式的看法和建议，以此改进未来的培训计划。学员的反馈实际上是非常重要的一部分，也是内训师提升自身的关键环节。但很多内训师对此都不当一回事，在讲完课后大手一挥走出课堂，便不再和这些学员有任何的联系。这不是一种值得提倡的做法。如果内训师自身没有那么多的精力去收集学员的反馈，可以安排助手在课下进行收集，如对个别学员进行访谈，或发放电子调查问卷等。

第二节　你真的了解你的学员吗？

可以这样说，学员是培训的根本，内训师的所有培训活动都是围绕着学员的需求展开的。然而很多内训师却以自己的课程或授课思路为根本，强硬地要求学员听他讲。实际上，这是一种非常错误的行为。这样的培训，轻则引起学员的抵触情绪，在课堂上做与课程无关的事情；重则引起学员的抵抗，如投诉、罢课等。

小李收到一家公司的培训邀请，对方给出的培训主题是"新晋员工销售技能培训"。按照对方给出的培训主题和自己对新晋员工的理解，小李认真地准备了课程，课程主要内容为指导销售经验不足的新员工有效开展销售工作。小李的这个课程在许多城市中许多公司都讲授过，每一次讲授结束，都得到了学员们的大力赞赏，有一些学员甚至还添加了小李的私人微信。在往后的时间里，小李和他们保持了良好的联系，当他们在工作中遇到与销售相关的问题和困惑时，他们会积极和小李沟通，小李也都一一耐心解答。他们都亲切地称呼小李为小李老师。

因此，小李对此次的培训信心满满，觉得一定也会像之前的培训一样获得成功。然而，在上课当天，他走进教室时，发现情况有些不对。这些学员虽然名义上是新晋学员，但每个人的气质谈吐都不像是第一次做销售的人员。

为此，小李将课程紧急延后了30分钟。在教室里找了几位学员简单了解了下情况。原来，这些学员确实是本公司新晋的销售人员，但却是 HR 从其他公司挖过来的非常有经验的销售人员。

难以想象，小李如果还是按照之前准备的课程上课的话，会遇到怎样的情况，于是，小李临时调整课程，将这节课调整为面向对象更广的销售课程。同时联系助手，准备下午的课件，下午的课程针对性会更强，主要针对的就是这些有其他公司工作经验的销售人员如何适应新公司的销售规则，以及如何组建一支强有力的团队等。

正是小李的这个临时改变，获得了学员的一致好评，甚至有学员在私下告诉小李："在你之前，我们已经上了两天的课了，大多数的讲师都以为我们是刚做销售的新人，讲得都是些销售的基本知识。这些东西说实在的我们都听腻了，能有什么帮助？有几个急躁的同事甚至都想走了，怎么能这样敷衍我们呢！"

原来，对接培训的工作人员不太有经验，没有了解到这类学员的特殊需求，在与内训师沟通的时候也没有特别说明这些学员的实际情况，只是模糊地说"新晋员工"。幸好小李的细致观察，帮他们挽回了学员的信任。

经过小李的建议，此后的内训师也都根据学员的实际情况转换了上课的方向，使这次培训最终获得了大部分学员的好评。

了解学员的需求，再准备相关课程，这是对学员的基本尊重，也是培训成功的关键因素。一般来说，参加培训的学员会有以下的需求，如图4-1所示，内训师可以在深度分析学员的需求后改善自己的课程。

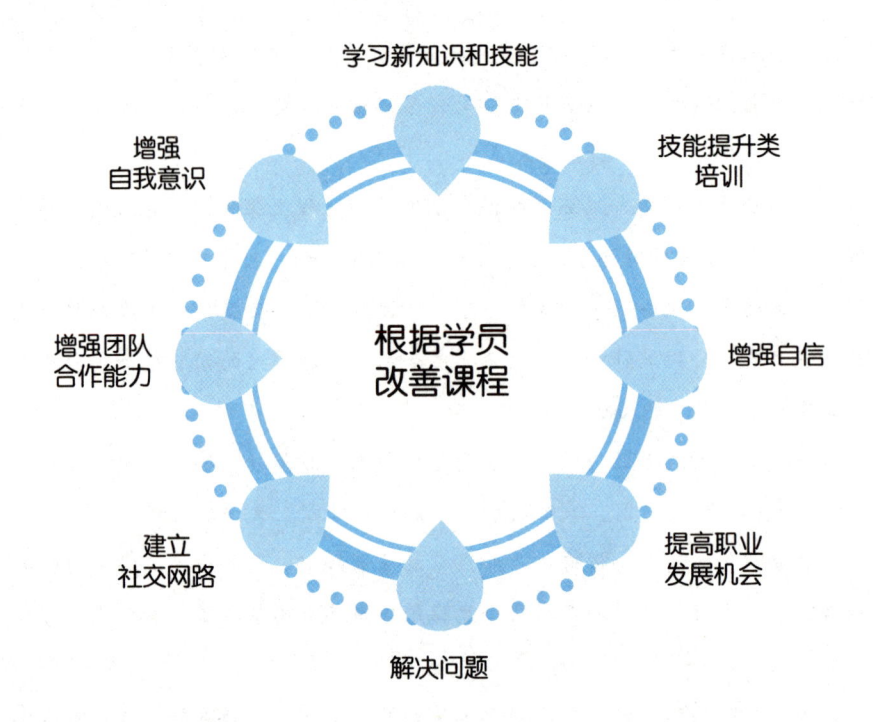

图 4-1　如何根据学员需求改善课程

一、学习新知识和技能

学员通常希望通过培训获得新知识和技能，以提高他们的工作能力或职业发展。这是最常见的一种培训需求，一般来说，新员工培训、新教师培训、新销售员培训、新编辑培训等都属于这个范畴。这类培训需求往往比较容易实现，但要注意的是，企业中的社会招聘非常普遍，经常有一些有经验的员工也在新员工的队伍中。如果依然对这些员工讲解一些新入行的基础知识，势必会引起他们的反感和产生消极情绪。在工作沟通这一步，应该要求工作人员尽量将员工进行技能、经验分类，使接受培训的员工在技能上尽量属于同一类型。这样，能够减少培训受到的阻力。

二、技能提升类培训

参加培训的学员希望通过培训能够获得工作技能上的提升，以改进他们的工作表现，满足公司需要或行业的标准，进而提高他们的绩效评估。这类培训一般是为工作了一段时间后的员工安排的。根据入行时间的不同，又可以分为入行 1～3 年、3～5 年、5 年以上等，各个时间段的员工需求并不一致，内训师在接到培训需求的时候，要注意区分。

三、增强自信

培训可以提升学员的自信心，使他们更有能力在工作中应对各种挑战。很多员工在工作中面对不断变化的情况时，经常感到力不从心，这就需要通过学习和培训，来增强自己的自信心。

四、提高职业发展机会

学员希望通过培训来增强他们的职业发展机会，例如晋升到更高的职位或获得更好的薪资待遇。事实上，只要身处职场，就没有人不希望获得晋升或加薪的。这几乎是每一个职场人的共同愿望，内训师可以在任何职业的培训中穿插这个主题。越实用的主题越能获得学员的推崇。

五、解决问题

学员需要通过培训解决他们在工作中遇到的问题，例如缺乏某些技能或知识。当一个企业出现普遍性问题时，往往会组织一次培训来解决员工们的问题。或者当一项新技术或新方法出现时，企业也会组织一次面向全体员工的培训。如，chatGPT是一个新生事物，不论经验怎样丰富的员工都是第一次接触，对它有很多好奇和不明白之处，需要通过培训掌握其基本使用方法，以提高自己解决问题的能力。鉴于此，企业便可以组织一次名为"如何在日常办公中使用chatGPT提高工作效率"的内训课程。

六、建立社交网络

"社交"是培训的一个衍生功能，培训可以让学员与其他人建立联系，以便更好地理解他们的工作环境，并建立起有价值的社交网络。例如，很多企业家愿意花重金上各类商学院、MBA课程等，一定程度上就是看重其中内含的社交价值。对于明显有这类需求的班级来说，内训师在设计课程的时候，可以安排更多合作、探究等开放性课程，使学员之间增加合作与了解。

七、增强团队合作能力

学员需要通过培训来增强他们的团队合作能力，以便更好地与同事协作完成任务。这类班级的学员一般是一个小组的同事，彼此之间都很熟悉，内训师可以按照这类学员的需求设计能够增加团队合作能力的项目。

八、增强自我意识

培训可以让学员更加了解自己的优点和缺点，以及如何改进自己的职业技能和表现。一般来说，有这类需求的班级，可以安排一些带有心理学知识背景的职业提升课程，用专业的知识帮助学员从内而外增强自我意识。

第三节　如何准确拿捏学员的痛点

每个行业中的每一位员工都会遇到事业瓶颈期及其他方面的难题，这是他们参加培训的主要原因之一。也就是说，更多的学员是带着问题和困惑来到培训课堂上的，虽然他们不见得在培训前就事无巨细地将这些问题告诉内训师。但是，内训师如果在课堂上对他们的这些问题没有任何回应，只是讲一些泛泛的理论和普通案例，那么，肯定无法收到学员的正向反馈。

俗话说：打蛇打七寸。培训学员也是如此，要准确拿捏学员的痛点，对症下药，这样才能收到好的效果。

小张是一名工作了一年多的销售员。这一段时间，他在工作上的压力巨增。由于有了一定工作经验，小张没有了新手保护期的优待，一切任务都按正常员工进行分配，所有的工作都要靠自己单打独斗。

羽翼未丰的小张每天一睁眼就是一个巨大的销售额，所以感受到了前所未有的压力。由于对销售额的恐惧增大，导致小张在日常与客户交流的时候，经常紧张打磕巴，本来十拿九稳能成交的订单，也因为他的不专业表现而"飞"了。

手中没有更多的客户资源，小张只能和其他竞争对手去争取客户资源，可面对"张牙舞爪"的竞争对手，小张经常感到心有余而力不足。

像小张这种情况在很多公司中比比皆是，有非常多入职一两年的销售员都面临着和小张一样的困境。公司的管理者看到了"小张们"的问题，决定组织一次培训。

以上是一则针对性很强的培训需求案例，我们可以很清楚地看到销售的痛点，如图4-2所示。

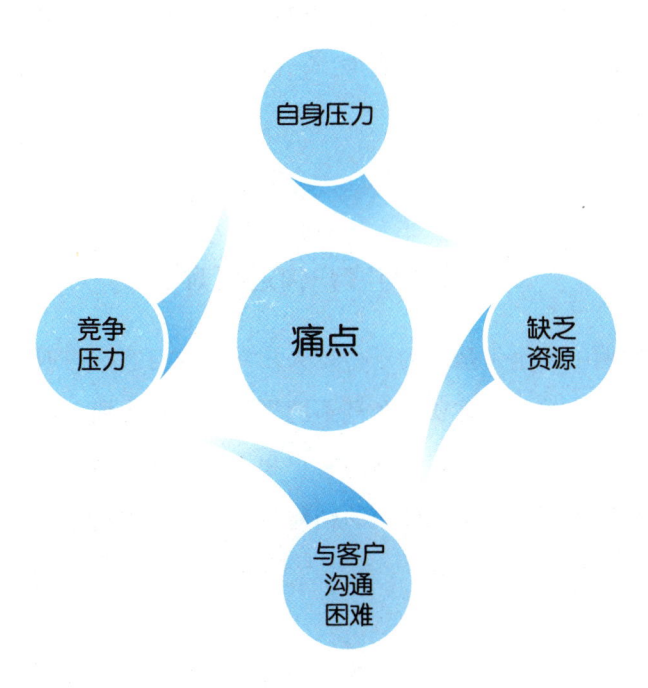

图4-2 销售行业的痛点

一、自身压力

销售工作有一定销售业绩的要求，而销售员本身又不具备完成销售业绩的能力，这会导致销售员感到压力和紧张。

二、缺乏资源

工作一两年的销售员虽然靠着公司的帮助积累了一定的客户，但由于经验有限，销售员缺乏足够的客户信息、销售资源和行业知识等资源，这加大了他们开展销售工作的难度。而缺乏资源本身也可能会影响销售员的销售能力。

三、与客户沟通困难

虽然案例中的小张是因为压力过大才导致的与客户沟通困难，但是在实际工作中，销售员需要与各种不同类型的客户沟通，包括有经验的客户和没有经验的客户，好说话的客户和不好说话的客户等。面对形形色色的客户，没有太多工作经验的销售员可能会面临沟通困难，难以与他们建立起联系。

四、竞争压力

销售员是竞争压力非常大的一个职业，他们不仅要与竞争对手竞争，甚至可能还要与自己的同事竞争，去争夺客户和市场份额。这些都会让销售员感到竞争压力。

针对这些痛点，内训师可以有依据地设计课程，例如，内训师小李就设计了一门这样的课程。

主题：提高销售人员的销售技巧和销售效率

目标学员：工作1～3年的销售人员

课程内容：

1.销售基础知识回顾：对销售的基本概念、销售流程和销售技巧进行更加个性化的解读，让销售员对销售基础知识有一个理解上的升华。

2.客户分析和开发：教授如何分析客户需求，如何建立客户关系，如何提升客户信任和满意度等方法。

3.销售沟通技巧：教授如何与客户进行有效的沟通，包括倾听技巧、提问技巧、表达技巧等。

4.销售谈判技巧：教授如何进行有效的销售谈判，包括谈判前的准备、谈判策略、谈判技巧等。

5.销售案例分析：通过分析成功销售案例和失败销售案例，帮助学员更好地了解销售技巧和策略。

6.实践训练：通过角色扮演、案例研究、小组讨论等方式进行实践训练，帮助学员巩固和应用所学知识和技能。

课程目标收益：

1.提高销售员的销售技巧和效率，增加销售业绩。

2.提高销售员的自信心和职业素养，增强与客户的互动和信任。

3.培养销售员的学习能力和进取心，促进个人和企业的长期发展。

果然，小李的课程获得了大多数学员的认可，大家都纷纷表示收获很多，面对未来工作的压力也得到了缓解。

在实际工作中，内训师可以通过以下几种方式"拿捏"学员的痛点。

第一，个别沟通：在课程开始前，进行个别沟通，了解学员的背景、工作经验和需求，以便更好地针对学员痛点进行培训。

第二，课前调查：通过发送调查问卷或进行电话调查等方式，了解学员的期望、需求和痛点。

第三，课堂互动：在课堂上，通过提问、小组讨论等方式，与学员进行互动，了解学员的问题和痛点，以便有针对性地调整课程内容。

第四，反馈机制：设置反馈机制，让学员能够随时反馈学习中的问题和痛点，及时解决学员的困惑。

第五，数据分析：通过数据分析，了解学员在学习中的表现和疑问，以便调整课程内容和方式，满足学员的需求。

以上是一些了解学员痛点的方法，通过这些方法，培训师可以更好地了解学员的需求和问题，从而有针对性地设计课程，提高学员的学习效果和满意度。

第五章

优化课堂授课方法

为什么有些内训师上课时，课堂上总是高潮迭起、精彩纷呈，课后还让人回味无穷，而有些内训师上课时，课堂总是睡倒一片，课后也冷冷清清，无人说话？区别就在于有没有用对授课方法。对不同的学生要教授不同的内容，就需要不同的授课方法。这一章就让我们一起来看看授课方法究竟有哪些吧。

第一节 讲授法

学员的学习效率与内训师的授课方式息息相关，在多种多样的授课方式中，最经典的无疑是讲授法了。讲授法最常见，应用场景也最多，也是需要每一位内训师熟练掌握的教学方法。在教学过程中，我们会发现，涌现出许多比讲授法更吸引人，更能提高学员学习效率的方法，如案例分析法、角色扮演法、游戏互动法等。但无论是哪种方法，都需要以讲授法为基础。甚至可以这样判断，一个连讲授法都应用不好的内训师，是做不好其他教学方法的。讲授法要注意的事项如图5-1所示。

讲授法

01 两种典型的讲授法

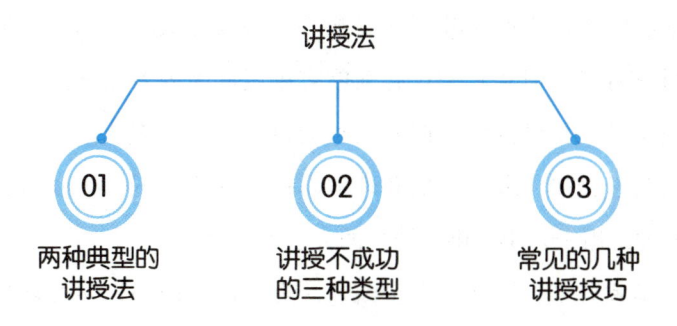

02 讲授不成功的三种类型

03 常见的几种讲授技巧

图 5-1 讲授法

一、两种典型的讲授法

讲授法是以说明、阐述、讲解、论述等口头语言方式表达培训内容的方法，也是培训或者内训中最常见和最重要的一种方法。讲授法的应用场景很丰富，在各种场合都能使用。有时，某些场合甚至只能使用讲授法，例如，企业内训并不一定都有充足的时长，有时候对方就给了一二十分钟或者半个小时的时间，在这么短的时间内，多样化的教学手段无疑是受限的，唯一能采用的就只有讲授法了。

讲授法分为知识类讲授和说服类讲授两种经典的类型，下面分别来看。

（一）知识类讲授

知识类讲授是内训师比较常用的一种讲授方式，主要向学员讲授的是客观的知识和政策等。这种讲授方式的主要目的就是用清晰明白、通俗易懂的方式将复杂的知识概念讲解给学员。

而这种纯讲知识概念却不输出观点的讲授方式，看似很简单，只要照本宣科就可以，但实际操作起来颇有难度，因为多数学员，尤其是成年的培训学员最抵触的就是照本宣科的讲课方法。因此，内训师要想办法让学员易于接受，方便记忆和理解。在这种背景下，比喻和迁移是比较常见的被运用于知识类讲授法中的方法。

有位学者曾下过这样一个论断，人类大部分的知识学习都只能通过比喻的方式让人接受，由此可见比喻在知识传授过程中的重要性。在企业培训中，很多的知识实际上是非常枯燥无味的，理解和记忆起来也很困难。

这时，如果在讲解这些深奥的概念时，能够使用一些通俗的生活场景案例作为自己的佐证，那么，对于整个知识和概念的理解就会变得容易很多。例如，某位内训师讲授的是与线路的传输技术相关的知识，为了便于学员理解，他就拿水渠送水的例子作为比喻，使整个概念知识变得形象起来，学员很快就明白了。

内训师在做知识性讲授时，会发现这样一个规律和前提，即学员在理解一个新知识时，必须以旧知识作为基础，只有与旧知识链接起来，他才能很快地接受新的知识。因此，内训师在做知识性讲授的时候，如果能够用迁移的方法，事先就将要讲授的新知识和已经学过的旧知识相链接，那么，就能达到事半功倍的效果。例如，内训师在讲授知识萃取的时候，本身知识萃取这个概念是很抽象的，此时，内训师可以用做菜来举例，将知识萃取的流程迁移到做菜的流程上来。大部分人对知识萃取没有概念，但是对做菜非常熟悉。这样，通过对做菜的讲解，就把知识萃取这个概念讲明白了。

（二）说服类讲授

说服类讲授和知识类讲授相对，它更多的是观点的传递，需要用自己的观点影响学员的观念，使学员接受自己的观点和理念。一般变革与战略类的课程使用说服性讲授的比较多。

很多内训师，尤其是新晋的内训师都很怵上这类课程，尤其是面对比自己年龄还要大的学员的时候，觉得很有压力，不知道怎么去准备课程。于是，很多内训师会准备满满当当的课程，在PPT上写满密密麻麻的字，企图用大批量的干货向学员发动攻击，以此让学员信服自己；又或者在讲课的时候提高嗓门，用气势压倒学员等。实际上，这些策略都不可取。说服性的讲授是有诀窍的，既不是疯狂输出干货，也不是提高嗓门，而是用条理性来说服和征服学员，让学员跟着自己的思路走。

有些内训师偏爱讲大道理，这是要尽量避免的一个方面。学员从上学走到工作，再走到培训的课堂上，大道理起的作用越来越有限了。成年人不需要讲大道理，成年人需要自己去悟道理。因此，内训师要扮演的就是一个点拨的角色。内训师可以从身边经典的、耳熟能详的案例出发，用自己强烈的逻辑性以及高于世俗的见解去引领学员悟得更多智慧和学到更多知识。

如果经常接触说服类的课程，我们会发现，在这类课程中，内训师实际上很少输出干货，而是用自己的逻辑、观点、经验等影响学员，说服学员。

二、讲授不成功的三种类型

在了解了什么是讲授法之后，我们再来看看讲授不成功都有哪些情况？这些不成功的情况是对所有内训师的一个警示，即讲授法不可以这样使用。从以往的经验来看，内训师讲授不成功主要可以分为以下三种类型。

（一）目标不清

目标不清就是俗话说的跑题，很多内训师在授课中会将内容引到自己熟悉的地方去，待在自己的舒适圈里不断地发挥；又或者面对很多内容的时候，着重讲自己熟悉和擅长的，而将别的重要内容一笔带过，完全不顾讲授这个课程的初衷以及这个课程本身的目标。为了避免出现这种情况，内训师在上台讲课前一定要对课件的目标再次确认，以防自己讲课的时候偏离主题。

（二）结构混乱

有些内训师在讲完课后，会得到学员这样的评价：这个老师的课讲得混乱极了，逻辑非常混乱。这就是我们常说的"说不清"，内训师整个课程的结构杂乱无章，东说一句，西说一嘴。结构混乱如果出现在其他授课方式中，或许不会暴露的那么明显，但在讲授法中，会将缺陷一览无余地呈现在学员的面前。让学员有非常直接的、不好的观感。所以，这类问题一般都是学员向内训师反映的，内训师自己很少会意识到自己这个问题。

这类问题的解决方案很简单，就是"八字要诀"，即广开言路，理清思路。不要害怕学员反馈和投诉，学员所有理性的反馈和投诉都是内训师进步的助推剂，能够帮助内训师快速找到自己的问题所在。当了解了自己的问题后，针对问题理清思路就可以了。

（三）展示不力

展示不力指的是授课中的内容，在描述和讲解它的时候不够鲜活生动，不够场景化，故事感不强；或者只会照本宣科，对着讲义讲概念和定义，不会展开来分析和深入讲解。这种展示不力的情况会让学员对内训师的能力产生怀疑，同时，也会使学员消极对待课程。展示不力与内训师自己的功力和能力有关，唯有多听、多学、多练，有意识地将课程讲解精彩，才能避免展示不力的情况发生。

三、常见的几种讲授技巧

内训师在使用讲授法进行授课时，如果能佐以适当的讲授技巧，则可以使课堂的呈现更加完美，也避免了不会讲授而导致的授课失败。常见的讲授技巧有如下图 5-2 几种类型。

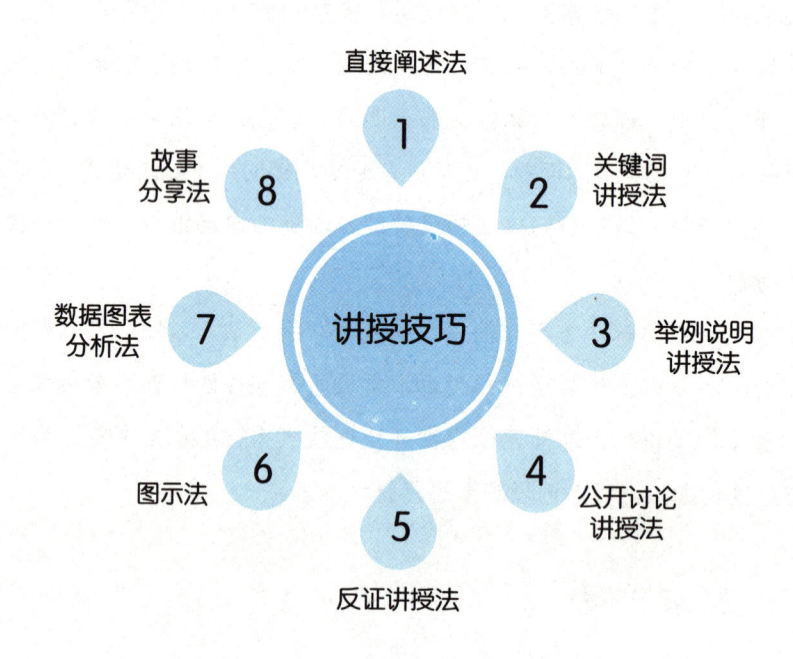

1. 直接阐述法
2. 关键词讲授法
3. 举例说明讲授法
4. 公开讨论讲授法
5. 反证讲授法
6. 图示法
7. 数据图表分析法
8. 故事分享法

图 5-2　常见的几种讲授技巧

（一）直接阐述法

直接阐述法又称结论先行法，是一种很容易理解的授课技巧。即在授课之处，就直截了当地抛出结论，然后再用别的案例和材料来佐证这个结论。很多内训师，尤其是新晋的内训师，在上课的时候会有这样的疑问，虽然课程设置得非常精彩，涵盖故事、视频，最后还让学员一起分享，但上了一节课，却不知道老师葫芦里究竟卖的什么药，即不知道老师究竟想提出什么观点，得出什么结论，甚至分享的时候也懵懵懂懂的。

内训师要明白一点，就是讲课与写文章或打报告的思路是不同的，写文章或打报告结论在后面，在此之前需要一大堆铺垫，如案例、材料等。但讲课不同，讲课是在讲知识点，是在讲自己的独立观点。这个知识点需要有论点和论据做支撑，如果课程比较复杂，先直接将知识点或观点抛出来，是有利于接下来的论证和讲授的，这种结论先行的方式会使整个课程的结构变得清晰、明朗。

（二）关键词讲授法

关键词讲授法指的是在授课内容很多、很复杂的时候，提炼关键词向学员们讲授。可以概括为八个字，即"重点突出，详略得当"。这八个字在写文章中很常见，那么在授课中又该如何使用呢？在课件制作的时候，应该先将关键词突出，提前告诉学员哪些是关键词。当重点突出后，内训师可以根据自己的安排布置课程内容，使其详略得当。

（三）举例说明讲授法

举例说明讲授法是应用很多的一种讲授法，几乎每个内训师的每堂课都能用到，只要内训师愿意，每个知识点后面都可以加一个或几个例子来说明。举例说明的目的是使知识点更加形象和更加容易理解。抽象的知识点理解起来是困难的，但加上生动的例子，就可以变得容易理解起来。

（四）公开讨论讲授法

公开讨论讲授法就是将观点或知识点抛出，用公开讨论的方法一步一步引导学员认识和了解这个观点或知识点。这种方式在讲授法中用得不是很多，很多内训师默认讲授法就只能是老师讲，学员一般不参与讨论。其实在一定的情况下，也可以邀请学员一起讨论，用一问一答的方式将观点或知识点逐条得出来。

（五）反证讲授法

反证讲授法指的是用相反的案例来反证观点或知识点。举个简单的例子，妈妈会用反证法来教育小朋友好好学习，妈妈们一般会这样说："你要是不好好学习，以后就像××一样……"当然，妈妈的这种观点不一定对，但是这是一种很典型的反证法。内训师在上课的时候，当正面的例子穷尽的时候，用一个反面的例子，也许能起到事半功倍的效果。

（六）图示法

有这样一句话，即文不如表，表不如图。说的是文字的呈现力不如表格，而表格的呈现力不如图片。这是由人们的认知决定的，人们天生对图片类的东西非常敏感，而对文字类的东西则迟钝得多。所以在讲授时，内训师可以佐以一些图表，让整个知识点更加清晰明朗。例如用思维导图、鱼骨图等方式归纳总结知识点。图示法在线上教学中已经得到了很好的使用，但在线下的教学中还需要注意多加使用。

（七）数据图表分析法

数据图表分析法的原理与图示法相似，主要用带有数据的图表作为自己的观点或知识点的佐证。数据图表分析法在一些销售等实战课程中使用很多，经过图表加工的数据，在呈现时会更有冲击力。

（八）故事分享法

故事分享法是用分享故事的方式来讲述一个知识点或者观点，通常这个知识点或观点比较难讲述，用故事分享的方式能够形象且生动地将这个知识点或观点和盘托出，同时引发学员的思考。这种讲授技巧是这几个技巧中最难的，它的难点在于要让观点或者知识点与故事恰如其分地结合在一起。

小熊很喜欢用故事分享法讲课，她还特别喜欢收集一些笑话，并在上课时使用，效果很好，学员也都很喜欢听。有这样一个笑话是她常讲的：

一次，一只八哥在飞机的头等舱坐着，头等舱里面除了这只八哥外，还有一个头等舱的客人，客人觉得很奇怪，头等舱里怎么坐着一只八哥呢？而且这只八哥的态度还特别蛮横，时不时就拿它的小翅膀拍打着桌板对着空中小姐说："小姐小姐，这水怎么是凉的，给我倒杯热的来。"结果，空中小姐就乖乖地到后舱去倒了杯热水出来。过了一会儿，八哥又啪啪啪敲着小桌板对着空中小姐说："小姐小姐，这水怎么是热的，给我倒杯凉的来。"他发现空中小姐又到后舱去倒了杯凉水出来。这位头等舱的客人观察了许久之后就得出这个结论："哦，我明白了，原来在飞机的头等舱里要发狠才拿得到东西。"所以这位客人也开始武装自己，让自己变得像凶神恶煞，努力地拍着自己的小桌板，对着空中小姐怒吼说："小姐小姐，这水怎么是凉的，倒杯热的来。"他发现空中小姐果然乖乖地到后舱去倒了杯热水出来。这个人可开心了，认为自己得逞了。他又拍着小桌板说："小姐小姐，这水怎么是热的，给我倒杯凉的来。"这次空中小姐从后舱回来后却两手空空，而且后面跟着两个彪形大汉，其中一个彪形大汉把这个人给扔出机舱，另一个彪形大汉把那只八哥也给扔了出去。这个人在急速下落的过程当中，看到旁边的这只八哥，只见它拍打着翅膀，悠然地飞翔着。那只八哥对着急速下落的人悠悠地说了一句话："你小子没翅膀，还敢耍横呐！"

最后她得出的结论是这样的：各位可爱的头等舱的客户，你的周遭一定有一些人你看不懂，有一些事儿你看不懂，但并不意味着你可以随意效仿，因为你不知道他实际有怎样的力量，只有把自己的翅膀锻炼好了，才能真正地展翅高飞。

小熊还通过这个故事向同事们介绍了三点应用故事分享法的经验：第一，在整个故事的描述过程中需要场景化，例如在上面的故事中就详细地描述了八哥挥动翅膀以及空中小姐的动作等场景化要素。第二，故事的起因、经过、结果等要素必须要完整。第三，故事分享一定要点题，要点明你的观点，如果你现在讲了一个八哥的故事，最后拉不到你的知识点上面，那是没有结合度的，也就是个没用的故事。

第二节　案例教学法

案例教学法是一种专业讲师提供背景信息，由学员通过讨论分析解决问题、提出不同解决方案的教学方法。也是仅次于讲授法的一种基础的教学方法，在企业内训中用得非常频繁，是每一位企业内训师必须掌握的教学方法，如图 5-3 所示。

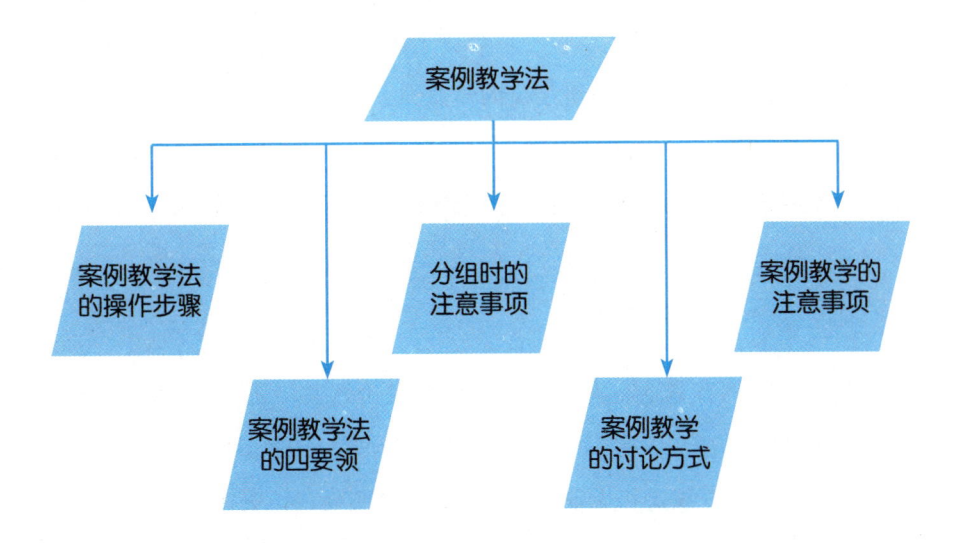

图 5-3　案例教学法

一、案例教学法的操作步骤

案例教学法具体应该怎么操作呢？新晋内训师只要记住按照以下五步，就可以在课堂中呈现出一个很好的案例教学了。

（一）了解案例背景

所有的案例研讨，第一个要准备的就是案例素材，要让学员了解此次学习的案例背景是什么。如何向学员传达案例背景呢？一般来说有这样两种形式，一是传统的文字案例，事先打印好分发给每位学员，或者投放在PPT中。不论是哪一种方式，都应该找人用朗读的方式，带着学员一起了解案例背景。这个人可以是学员也可以是内训师自己。二是将其制作成视频案例，在课堂中播放，这种方式比较麻烦，需要在课前花费一定的时间，但在课堂上的效果会优于第一种方式，因为它结合了视听法和案例教学法，更加吸引学员的注意力。

不论是用哪一种方式呈现案例，在案例呈现完之后，内训师都要对案例背景再做一个归纳总结，使学员更加清晰地了解案例背景。

（二）设置讨论问题

除了对案例背景进行介绍外，在正式讨论之前，还要确定好讨论的时间、各小组的分工、最后的呈现方式等。让学员们知道此次讨论的规定和规则等，并在规定和规则中开展讨论，避免使讨论失控。

（三）小组呈现发言

在小组讨论结束后，组织小组成员依次进行陈述，分享讨论结果。这个步骤中，容易出现这样的问题，就是因为讨论太过热烈而超出了预期的时间，这些超出的时间势必要从小组发言中补回，如果课堂中的小组较多，内训师就不能按照常规让每个小组都发言呈现了。内训师可以根据实际情况，从小组中筛选出3～4个，再就一个案例进行总结发言。千万不要在这个过程中耗费太多时间，导致课堂节奏拖沓。

（四）精典点评

精典点评指的是内训师对学员的发言进行点评。点评时，可以选择一两条比较有代表性的，因此又叫精典点评。很多新晋的内训师以为所谓的案例教学，只需要做前面这几步就可以了。其实不是的，做完了前面这几步，只是完成了基本的操作，还没有完成案例教学。案例教学的精髓在这一步，即点评。点评非常考验内训师的功力。在点评中，内训师需要用到引导、归纳、提出关键点等方式，如在这中间帮助学员引导出来了哪些新的认知？在研讨过程当中，归纳出来了学员的哪些论点、观点、知识点或者方法？在这个过程当中有没有提到一些对本节课知识点有佐证的关键结论？

内训师需要在日常的工作中扎扎实实地练习自己的点评技巧，这样，在这个环节中才能游刃有余。

（五）方法论给予

方法论给予指的是案例教学的结果。经过以上的步骤，在学员和内训师的共同努力下，对于某个问题形成了某些步骤、某类话术、某种工具，这是整个团队共同努力的结果。当然，这个结果需要内训师带领学员共同完成，且将萃取的结果以方法论的形式给予每位学员。

二、案例教学法的四要领

除了以上的五步外，内训师在具体操作案例教学法时，还要注意以下这四个要领。

（一）事例的讨论性

内训师在选择案例时，要注意所选案例说的事情应该具备可讨论性，即答案不是唯一的，从正反面讨论都有道理，可以放在课堂上进行讨论。如果答案是显而易见的，只要选择A就行，那这样的案例就没有可讨论性，选择它们也没有什么价值。另外，可讨论性还要求这个事例没有什么误区和混淆性，事例本身的争议点应该是清晰的。

（二）案例的鲜活性

案例的鲜活性指的是选择案例的时候，要注意案例的时效性。一般来说，人们对新近发生的、自己亲身参与过（如评论、浏览等）的案例更感兴趣。有些资深内训师的课，课程方法、案例研讨都不错，就是案例太陈旧，引起了学员的抵触。因此，从学员的接受度来说，鲜活的案例更能引起学员的讨论兴趣。

（三）引导的及时性

什么是引导的及时性？指的是在案例研讨或案例分析的过程中，出现的一些突发情况，内训师要注意及时引导。例如，案例研讨过程中经常会遇到陷入僵局的情况，如因为小组成员不熟悉等原因，有的小组在一开始时压根不研讨，成员之间大眼瞪小眼，分工也不明确；又如，有的小组表面上看起来讨论得热火朝天，但事实上已经跑题了，他们可能不是在讨论案例本身，而是由此吐槽公司的制度，整个讨论变成了小组成员的吐槽大会。这些情况都是需要内训师及时去引导的。

所以在案例研讨的过程当中，内训师需要在教室中不断地巡视，走到研讨成员的身边，及时发现小组讨论当中存在的问题。案例教学法当中，对内训师的能力要求和讲授法截然不同，讲授法更多是要求内训师语言表达的完整性、逻辑的缜密性、语言的鲜活度、讲故事的能力、对学员旧知和新知进行引导及转化的能力。可是到了案例教学法，它的重点变成了案例选择、筛选的能力，对学员及时引导的能力，案例教学活动中的掌控力等。

（四）点评的指导性

是指内训师在对学员的讨论结果进行点评的时候，他的点评应该具有一定的指导性。有些内训师在上完课后，会有学员评价他，这个老师的实战经验很丰富。学员得出这个结论的依据来源是什么呢？实战经验的丰富完全是来源于一件事情，即老师在点评过程当中，他对于生产工作的整个指导性会相当贴切。

三、分组时的注意事项

（一）每组的人数以 6~12 人为宜

在进行分组时，小组成员以 6～12 人为宜，当成员低于 6 人时，就不能称为案例讨论；当成员超过 12 人时，就不再建议以小组讨论的形式进行了。

（二）确定小组成员分工

每个小组一定要有明确的成员分工，领头人即小组长是必须要推荐出的，他来负责统筹协调小组中的事情。当内训师无法处理组内的分工和讨论时，可以交由小组长负责安排。

除此以外，还有其他的组内职务，如安全员、控时员等，也都需要一并明确。小组架构的职务分工方法既可以是内训师指定，也可以由小组成员自己选定。不论采取哪一种方式，都要注意不要在此浪费太多的时间，或产生太多的纠结。

（三）分组时要明确每组所研讨的内容

这一点很好理解，但也有些新晋的内训师在这个步骤中出现问题，即忙着分组分工，而把最重要的事情忘记了，没有明确告知每个组需要讨论的内容是什么。或者在研讨时，设置了好几个议题，为每个小组分配一个，却没讲清楚情况，导致有些小组根本不知道自己要讨论的内容是什么。

（四）奖赏和鼓励优秀的小组，以推动相互竞争

在小组讨论中，最重要的一项是要营造小组竞争的意识，并要设置一些小奖励，激发学员讨论的兴趣，推动小组间相互竞争。内训师千万不要吝啬自己的言语，当小组表现好的时候，要给予及时的夸奖和鼓励。学员的表现和成绩被看见后，更能激发他们积极地投入课堂中来。

（五）分组时注意领导者和男女性别的比例

在小组讨论中，还要注意一个基础的原则，即在分配组员的时候，要注意男女比例问题和领导者的占比，一个小组中领导者一旦占比过高，小组就很容易丧失讨论的氛围，失去案例教学法的初衷，最终走向一言堂，达不到群体智慧的共创。而均衡的男女比例有利于思维的多样性，当整个组员都是女性或者男性时，小组讨论的思路或结果容易趋同。另外，适当地男女搭配，也能使讨论的气氛更加热烈。

四、案例教学的讨论方式

很多人以为在案例教学中，只有小组讨论这一种讨论方式，其实不然，还可以采用"脑力激荡"的方式进行，即由老师提问、学员自由回答的方式进行。这种对话式的双向交流更适合运用在线上课堂中。因为受时空的限制，线上课堂的小组讨论效果不太好，这时，如果采用"脑力激荡"的方式，则能使课堂的呈现效果更好。如果是线下教学，那小组讨论的方式无疑是最佳的。小组讨论一般是提出一个特定题目，请学员自由发挥，阐述观点。

五、案例教学的注意事项

案例教学中有一些事项是需要特别注意的，这些事项都是其他的内训师从实际的教学经验中总结出来的，可以称之为"那些年，内训师踩的坑"，如图5-4所示。

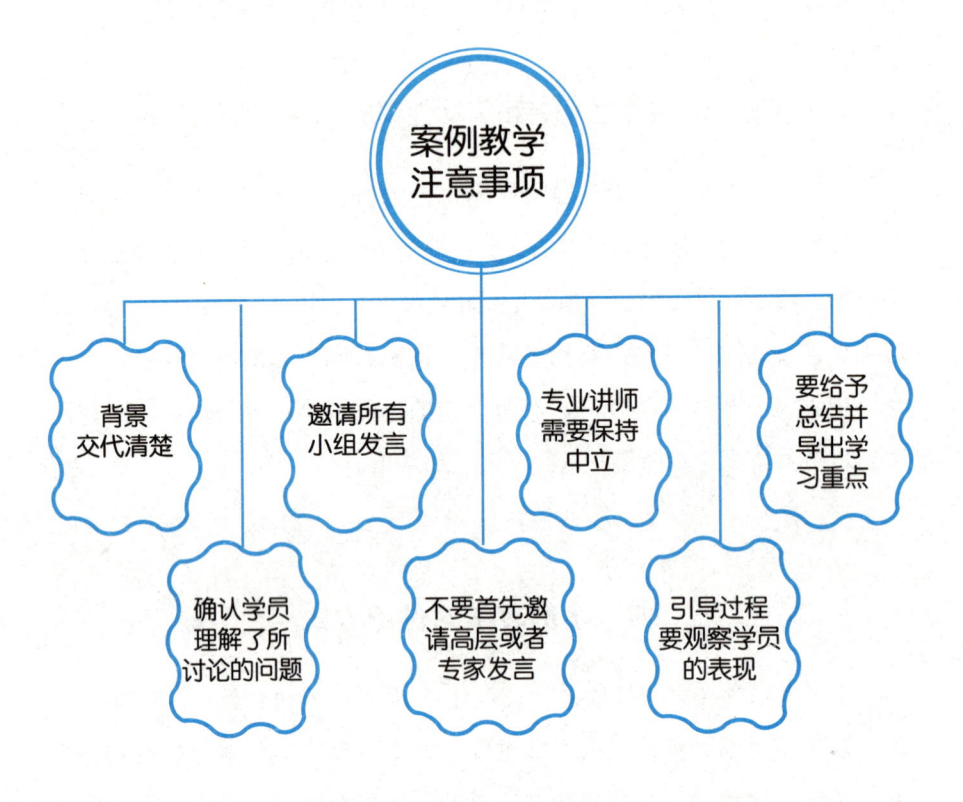

图 5-4　案例教学注意事项

（一）背景交代清楚

在授课前，背景一定要交代清楚。案例教学法最终是希望用案例的教学把观点和论点与授课的知识点联系起来。但是如果背景不交代清楚，就容易导致跑题，最后使两者无法联系在一起。例如，在一次战略研读的案例教学中，由于内训师没有将背景介绍清楚，导致最后研讨结果与内训师的设计初衷完全不符，内训师想要的是一个与转型业务相关的探讨，但绝大多数学员还是围绕着旧有的操作方式即兴探讨。

（二）确认学员理解了所讨论的问题

问题抛给学员之后，一定要确认学员是否真正理解了问题，是否对要讨论的问题已经了然于胸。这一步看似多余，其实能帮内训师省去不少麻烦。确认能让双方都有安全感，学员可以放心大胆地按照自己的理解去讨论问题，内训师也可以放心地等待学员的讨论结果。

（三）邀请所有小组发言

在前面的小节中，我们提到，如果在时间不允许的情况下，邀请部分小组进行发言即可。如果在课堂时间安排合理的情况下，尽量安排所有的小组进行发言。这也是尊重学员的一种体现。新晋的内训师如果对此时间拿不准，可以多预留一些时间给这个环节，邀请所有的小组进行发言并对他们的发言进行一一点评，这对内训师自己来说，也是快速成长的最佳方式之一。

（四）不要首先邀请高层或者专家发言

如果学员中有高层领导或者专家等，记得不要邀请他们最先发言，而是将机会留给基层的员工。如果先邀请他们发言，容易限制学员的思维，导致他们不敢畅所欲言。这和前面讲到小组中领导者的比例不要过高是一个道理。注意要在讨论中照顾相对弱势的群体。

（五）专业讲师需要保持中立

在学员的发言中，内训师要记住秉承"三不"原则，即不打断，不评价，不否定。内训师要时刻记得保持中立，不偏不倚。学员在发言中，除非遇到不合适的议论，如极端负面的言论等，否则不要随意打断他们，也不要评价他们的言论，更不要动不动就否定他们的看法，要给学员营造自由发言的环境。

（六）引导过程要观察学员的表现

小组讨论需要内训师进行及时引导，内训师在引导的过程中还要注意观察学员的表现和状态。对于学员在学习过程中出现的疑惑和抗拒，要随时进行引导和帮助，以推进整个学习的过程。例如，在研讨的过程中，有些学员在不经意当中所做出的一些肢体动作会显示他对这次的讨论非常抗拒，融入不进集体；有的小组在研讨刚开始的时候，呈现四分五裂的状态，小组里面只有两个人在讨论，剩下的人要么混乱分析，要么坐着发呆。这个时候，都需要内训师及时发现后上前去关注学员状态，询问原因，随时调整课堂状态。

（七）要给予总结并导出学习重点

给予总结和导出学习重点这件事，在前文中已经提到，但是内训师在这里还是要特别留意，一定要让案例教学有始有终，讨论或研讨只是案例教学法的形式，而通过案例教学才是案例教学法的本质，千万不要本末倒置，使案例教学法只有案例而没有教学，从而变成一个只有讨论而没有结果的讨论课。

第三节 角色扮演法

角色扮演法又叫情景模拟法,是指学员在一定情境下扮演案例中的角色,进行表演,以学习、练习某种技能的教学方法。如果说讲授法和案例教学法是培训课堂的底层教学方法,那么角色扮演法就是培训课堂中的进阶教学方法,是内训师可以真真正正用来活跃课堂的方法。角色扮演法在学习和练习某些技能类的课程中非常实用,如销售类、服务类、线赋能类等,它能让学员身临其境,从而更好地理解课堂中的知识要点。角色扮演法的注意事项如图5-5所示。

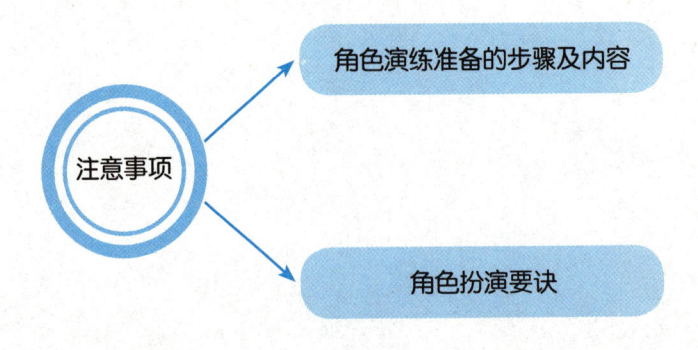

图5-5 角色扮演法

一、角色演练准备的步骤及内容

（一）情景设置

在进行角色扮演时，和案例教学一样，需要提供背景信息并进行问题确认，这是一个基本步骤，即告诉学员，这有一个怎样的故事背景，发生在怎样的环境中。在情景设置时，为了服务于角色扮演，还需要进行场景搭建。例如，如果做的是与业务相关的角色扮演，那么，可以放一把椅子；如果是做客户拜访相关的角色扮演，则可以布置几张桌子，放一些与业务相关的设备；如果是做业务操作类的角色扮演，那就需要把设备、系统这些东西都配置好。

（二）角色设置分配

学员在进行角色扮演前，内训师需要牵头对角色进行设置和分配。告诉扮演不同角色的学员，他们所扮演的人物要表演的内容以及相关职责。例如，这个角色的年龄特征、性格特征、目前所处的状态等，这些都要非常清晰地描述。必要时，内训师还要带领学员进行适当的彩排。

（三）底牌设置

底牌设置指的是在角色扮演过程中，有哪些关键控制点。

（四）演练方式选择

要提前告知演员，是通过怎样的方式演绎的，例如是通过面对面的方式，还是采取打电话的方式？是背对背表演，还是面对面表演？是一对多还是一对一等，这些都要做好提前的约定。不然，演员在角色扮演过程中很可能将情景演绎偏离方向，最后没有得出内训师想要的效果。

（五）控制关键点

对角色扮演中可能出现的风险进行预判，并对关键点进行控制。例如，表演过程中的时间节点、最终的结果输出等。

（六）结果分析

对最终结果进行分析，带领学员发现其中的问题，总结问题的原因，引导问题解决策略的方向，同时分析其中的细节。

（七）步骤归纳

对这个过程中产生的知识、方法、步骤、话术、工具等进行总结，将其作为重要结果为学员输出。

（八）必要交换角色

必要时让演练者进行角色互换，重新练习，以体会对方的感受。在做角色扮演时，一些内训师会习惯性地让学员去扮演接待者或者销售者，这确实是他们工作中的角色，扮演起来也得心应手。内训师也可以发挥创意，让学员来体验客户的角色，由内训师自己来扮演服务方，这样的话，学员的感触会更加深刻。

（九）角色演练的实战案例

以下是一位内训师在实际授课中设置的角色扮演环节，对于理解如何进行角色演练有一定的帮助。

曾经，我在上《管理沟通》这门课程的时候，里面设置了一个角色扮演的环节。首先我按照流程，进行了情境的设置，情境是高考完毕之后要进行志愿填写。主要角色有两方，一方是父母，另一方是孩子。我对父母的关键条件底牌是有设置的，父母和孩子主要扮演的是一个说服和被说服的过程。孩子希望能填报艺术类志愿，而父母则希望他去读金融专业，于是这两者产生了矛盾。

在这个过程当中，我们首先要引导他们准备好各自的脚本，所以在开始之前，先给每个小组三分钟去准备脚本。到了展示的时候，就是一个小组五分钟了。在展示的过程中我们是有底牌的，比如遇到谁也说服不了谁的情况，这时候就要及时亮出底牌，即去调和这个情境，使其合理结束；当中间产生了争执的时候，则要及时地终止，并且做好双方情绪的安抚；当中间一方被另一方说服了之后，我需要将说服一方的说服话术的重点拿出来，与管理沟通当中的知识点去进行对接式的讲解。以上就是角色扮演，以及角色扮演中讲师的工作要点。任何一种教学方式，其最终的目标都是更好地将知识点呈现在学员面前。

二、角色扮演要诀

角色扮演与提问回答不同，它还包含一些表演的成分，对于大多数人来说，表演不是一个日常熟悉的动作，因此，在实际操作的时候，会觉得不好意思，会放不开，甚至有可能抗拒，这些都会影响最终的课堂呈现效果。因此，内训师在指导角色扮演时，要注意以下几点。

（一）创造轻松支持的环境

内训师要为扮演者创造轻松支持的环境，这样，扮演者可以更加大胆地上台，更加自如地表演。这里的环境包括友好的气氛、合适的灯光布置、内训师的鼓励等。当遇到胆怯的表演者时，内训师一定要给予及时的鼓励，如，带领学员们一起为他鼓掌等。这些支持能够给课堂带来意想不到的效果。

（二）自愿或指定某人上台

角色扮演法中的扮演者以自愿为主，如果实在招募不到足够的演员，内训师可以在课堂中选择几个表现较为活跃的学员。要注意的是，如果被选中的学员直接表示不想参演，也要及时更换其他的演员，不要一味地去坚持和鼓励。

（三）讲清情景与角色

向扮演者讲清楚情景以及要扮演的角色等，这一点非常关键。多数角色扮演环节的失败，主要原因就是情景背景和角色设置没有沟通好，导致学员上台后一通乱演，最后没有得到想要的效果。

（四）创造新的情景，并延伸新的课题

当角色扮演结束后，课堂中的气氛如果很好，且学员觉得意犹未尽的话，可以从原来的情景引申出新的情景，延伸新的课题，进行新一轮

的角色扮演。这里要注意的是，新的课题并不是随便延伸的，而是需要与本次课堂的实际相符，为本次课堂的主题服务的。

（五）学习后要给予交流时间

在角色扮演活动结束后，课堂中的氛围往往很好，这时，内训师要趁热打铁，引导学员进行深入的交流和学习。有时，学员会结合实际得出比内训师更好的观点，内训师要为这些学员提供舞台和机会。

（六）给予必要的评价与建议

对所有参演的学员表示感谢，并给出中肯的评价与建议。

第四节 游戏互动法

游戏互动法指的是按照一定的游戏规则，带动学员达成培训任务的方法。我们都知道少年儿童喜爱做游戏，在他们的课堂中，经常会使用游戏来进行互动，这样的效果很好。其实在成年人的培训中，也可以使用一些游戏进行互动，从而达到教师预期的教学目的。那么，游戏互动法一般在什么时候使用，又有什么作用呢？如图5-6所示。

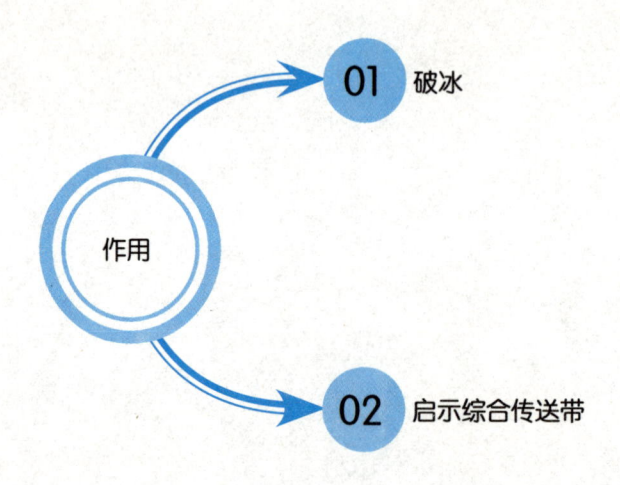

作用
01 破冰
02 启示综合传送带

图5-6 游戏互动法

一、破冰

游戏互动法最常见的使用场景是在学员和内训师初次见面的时候，这时候大家有些生疏，很多学员相互也不认识，气氛比较严肃。这时可以采用一些游戏进行破冰，调动气氛，让大家快速地熟络起来，内训师也可以快速有效地进行课程。破冰类的游戏是每位内训师都需要掌握的，市面上破冰类的游戏非常多，内训师只要掌握其中一两个即可，但这一两个要能够得心应手地使用，以便能有效调动起课程气氛。

内训师小美的课堂每次都非常欢乐，学员之间也总是能够很快地熟络起来，甚至在培训之后，很多学员还能成为很好的朋友，经常约着一起出去玩。她说她的独门秘籍是两个破冰小游戏，即"名字大串讲"和"按摩操"。

进行"名字大串讲"时，先将学员分成若干小组，小组的伙伴坐在一起，为了能够让每个小组的伙伴迅速熟悉彼此，要求小组的第一位伙伴站起来做自我介绍，说"大家好，我叫×××"。然后第二位伙伴接着站起来说"大家好，我是×××后面的×××"。第三位伙伴就会说"大家好，我是×××后面的×××后面的×××"，以此类推，一直到最后一位。哪个组的人数越多，后面的人需要记住的名字就越多。比如说12个人的队伍，接龙到最后一个人时，他一下子要记住前面11个人的名字，堪称"世纪大挑战"，很多人会因为自己或别人的名字被记错而引发哄堂大笑，现场的"笑果"非常好。通过这个游戏，能迅速地让大家互相熟悉起来，因为每个人的目标是一致的，那就是记住对方的名字。在培训活动中，这是一个非常有效的破冰游戏。

"按摩操"也是一个破冰类游戏，这个游戏更适宜被安排在下午上课前，为了让大家能够抖擞精神，事先需要将现场的小伙伴排成圆圈或者一列，让他们手搭在前面一位小伙伴的肩膀上，按照现场音乐节奏去进行从肩颈到背部再到腰部的按摩。等一个动作结束后，再让所有的人向后转，去为刚才为自己按摩的那个小伙伴服务。这样在让大家放松的同时，也增进了彼此的了解。

二、启示综合传送带

与纯娱乐和搞气氛的破冰类游戏不同，还有一种互动游戏是为课程的知识点服务的，被拿来做课程导入或主题导入用的。

小李在上课时经常使用一些道具，起初大家不明白他为什么拿这些东西，后来才逐渐知道，原来这些是做导入游戏的道具。这时，大家不得不佩服他的智慧。他向大家介绍了他的几款导入游戏。

"我会在课程中引入一些小游戏作为导入。例如，我曾经在课堂上拿出一个杯子和一支白板笔，然后问现场的同学们：'我想在这个杯子里倒满水，然后把笔放进去，希望水不会溢出来，请大家帮我想想办法吧。'这样，很多同学会参与到解决问题的过程中，当他们发现把笔放进去后水会溢出来时，有人会提出'老师，很简单啊，你把水倒出来吧'，于是我便将水倒掉再把笔放进去，这样就成功地导入了空杯心态的概念。

"此外，我还会通过小游戏来作为知识点和知识点之间的过渡。例如，我会设计一个名为'大风吹'的传送带游戏来传递下一个知识点。规则是这样的：我告诉所有在场的同学'大风吹'，然后问：'吹什么？'有两种答案：一种是'吹到戴眼镜的女生'，那么戴眼镜的女生站着，其他同学坐下；另一种是'吹不到戴眼镜的女生'，那么戴眼镜的女生坐下，其他同学站着。这个游戏的诀窍在于规则非常模糊，所以在实际玩的时候会让人感到混乱。但如果在整个游戏规则中明确告知大家'吹到哪边哪边站着，吹不到哪边哪边坐下'，那么这个游戏就能成功地导入下一个知识点——规律的找寻了。

对于成年人来说，这种能够参与其中又能感悟的游戏非常重要，因为它既能让人们参与其中，又能帮助他们理解知识点。因此，当我玩传送带游戏时，通常会先邀请学员表达自己的观点，最后再做总结。"

第六章

优秀的课堂管理技巧

有了好的授课方法，为什么却没有达到理想的课堂效果呢？究其原因，在于"技巧"二字没有掌握造成的。技巧不是天赋，而是所有人通过后天学习都能获得的。在这一章中，将带你认识课堂管理技巧，教你复制一堂精彩的课堂。

第一节　课堂中的提问与反馈

一、要怎样提问才恰到好处

在企业内训中，单纯的单向讲授和灌输已经越来越不受欢迎，学员们希望课堂内容是丰富多彩的，呈现形式是多种多样的，与老师之间的互动是高效有趣味的……那么，作为内训师，要怎样加强与学员之间的互动呢？提问或许是一个好方法。但提问也是一件非常考验技巧的事情，不是随便怎样提问都可以的，如图6-1所示。

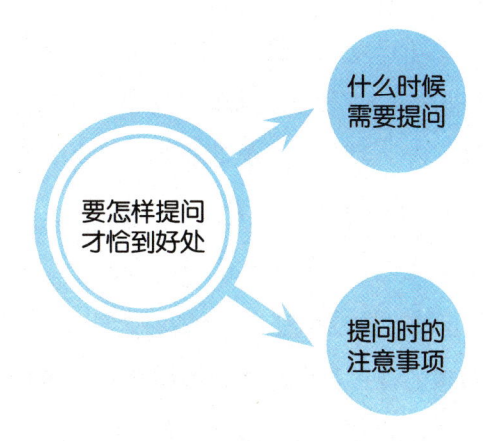

图6-1　提问时的诀窍

（一）什么时候需要提问

很多内训师可能有这样的疑惑，什么时候才需要提问？提问也是分时机的，不是什么时候都可以在课堂上进行提问。一般来说，可以在以下几种情况下进行提问。

1. 需要引导学员参与发言时

有时候内训师的提问，并不强求学员回答，而是想要引导学员参与课堂内容，更好地进入内训师所描述的环境和场景里去。所以这时的提问不要纠结学员的答案是否准确，是否符合自己的预设，只要学员愿意参与讨论，愿意回答问题，你的目的就已经达到了。因此，这种问题不宜太难、太复杂，否则学员参与的意愿就会很低。最好抛出那种难度比较低，又能引发学员思考的问题，这种问题的效果比较好，同时能达到引导学员思考与发言的目的。

2. 整理学员的学习思路时

我们会发现，很多资深的内训师在上课的时候，会自问自答。有些人不解，为什么抛出一个问题，没等学员举手回答，就自己先回答了呢？其实仔细想一想，这背后的道理很简单。在课程进行到一定程度以后，学员已经掌握了不少知识点，但整体思路依然比较混乱，此时，内训师停下来，用自问自答的方式，目的是帮助学员整理思路。但要注意的是，在自问自答的时候，内训师自己的逻辑思路一定要清晰，问与答之间不要留白太多，以免将课堂带到另一个讨论氛围中去。

3. 控制节奏，结束无意义的讨论时

有些内训课堂虽然讨论很热烈，但讨论的效果并不是课堂中想要的，或者说超出了本节课的课程范围，这时候如果任由其发展下去，可能会影响正常的教学节奏。此时，内训师可以向他们抛出一些问题去中断这

个无意义的讨论，让课堂的节奏回到自己可控范围内。

4. 活跃课堂气氛时

当课堂气氛遇冷，或者学员昏昏欲睡时，内训师可以提出一两个参与度高的问题激发学员的兴趣，引发学员讨论，从而达到活跃课堂氛围的目的。抛出这类问题的时候，要记住自己抛出问题的主要目的，当氛围达到一定程度时，要及时扭转课堂的方向，让学员跟着你的思路继续回到课堂中。千万不要被学员牵着鼻子走，偏离课程方向。

5. 不断确认，关注重点内容和对象时

在讲到一些重点的段落或者内容，需要特别引起学员注意的时候，内训师可以采用提问的方式不断引起学员的注意，引导他们去关注重点的内容和对象。

6. 激发创意，允许在标准答案之外有创新时

课程中有些问题是开放式、探究式、合作式的，当遇到这样的问题时，内训师尽可以提出问题，将课堂交给学员，用他们的无限创意回答和解决这些问题。这时的问题主要意在激发学员的创意，因此，内训师不要给学员的回答设限，要允许学员有标准答案之外的创新或者创意。

（二）提问时的注意事项

1. 提问时，掌握主动权

不论是内训师在台上讲授，还是学员在台下发言，需要注意的是，控制整个课程节奏的只有内训师自己。因此，在提问时，尤其要注意掌握课堂节奏的主动权。内训师可以使用类似下面的语句来控制课堂的节奏，如"有问题吗？请举手发言""谢谢你的回答，请坐""好，下一个问题"等。

值得注意的是，在提问时，内训师一定要要求学员们举手回答，再

由内训师确定回答者这一基本的课堂秩序，有些学员很激动也很主动，就直接站起来或者在座位中回答了，这对于内训师控制课堂秩序都是非常不利的。

2. 注意手势和眼神

内训师在选择一名提问者，或者邀请一位学员回答问题时，千万不要直接用手指头去点指某位学员，这是非常不礼貌的行为，最佳手势是手心朝上示意。

当学员在回答问题时，内训师要直视提问者，仔细倾听问题背后的含义。当提问结束后，才可以将自己的目光移向另一名学员。如果内训师要对某一个问题进行回答或者追问时，则要将目光转回提问者，再开始追问，追问的内容应结合课堂的内容。如果需要引用学员的问题，则需要重复这个问题或加工后再重复。当所有的问答结束后，目光可以停留在提问者身上，也可以转移到其他人身上。

3. 不要说教，让每位学员都能思考

提问的主要目的是引申观念，并且确保学员参与进课堂。然而，很多内训师喜欢在学员刚开始对问题有了一点儿兴趣之后就掐断学员思路，开始输出自己的观点。这种行为非常不好，一旦老师开始说教，在这个提问中就只剩下内训师自己，学员便不再愿意参与这个讨论了。因为只有班级里的学员知道自己有可能被点到，他才会认真地听，认真地思考，认真地准备答案，随时准备回答问题。

二、怎样应对学员的回答

成年人与未成年的学生相比，并没有那么强烈的意愿表现自己或者参与课堂中的提问中来。那么，一个人之所以愿意参加和参与到课堂当中，主要原因是因为他在参与过程中会有成就感，那如何保持或加深学员的成就感呢？也就是说，当学员在回答问题的时候，内训师应该怎样做，才能最大限度地调动学员的积极性，推进课程呢？

（一）当学员发言时

当学员在发言时，不要打断他，要让学员完整地表达观点。我们常常说不打断别人说话是一个人基本的素养和操作。尽管很多学员在表达观点的时候，他的结论不是很符合课堂的需求，和内训师的设想也不同，但这正是提问的有趣性，与学员之间探讨问题不是对脚本，他们的回答本身就充满了各种可能性，当回答的问题与自己的设想不同时，不仅不要打断，耐心倾听，甚至还要用肢体语言表现出肯定和感兴趣。例如，当学员在表达观点的时候，你可以上身前倾，随着他的语言节奏不断地点头，用"嗯""是的""对哦""好的"等语言表达肯定。

这种不断地肯定对于整个课堂来说特别重要，所谓的增加学员的参与感，就是通过这样的细节体现的。内训师要让对方真正地感受到自己是在非常积极地倾听。同时，还要适时地追加鼓励，如，"很棒！这个想法很有价值"，再配以点赞的手势，这时，学员就能在发言中获得很大的赞同感。在之后的课程中，他一定会更加认真、用心地听讲。这些行为对于旁观的学员来说，也是一种鼓励，他们会更愿意参与到提问环节中来。

（二）在学员发言后

在学员发言后，内训师一定要记住两个动作，一个是当场给学员以反馈，最好是积极地反馈；另一个是及时让学员落座。反馈能够增加学员的成就感，促进学员发言的积极性；而及时让学员落座则是一种礼貌的表现。然而，很多新晋内训师在授课中，往往因为紧张或者没经验等原因，而忘记了这两个动作，给学员留下了不好的印象。

小林去参见企业内训，在课堂上，老师设置了很多问题，邀请学员们一起回答和分享。小林也作为其中一份子积极回答了老师的问题，然而在小林回答问题后，老师并没有对小林的回答加以点评，更没有让他坐下，转过身就开始滔滔不绝地继续讲课了。这使小林很尴尬，等了一两分钟，见老师还是没有任何表示，小林悻悻地坐了下来。他很困惑，是自己的答案不正确呢，还是老师对自己的答案不在乎呢？在之后的提问环节中，小林即使心中有答案，再也没有积极举手回答。他环顾四周，发现大家似乎都不再积极主动了。

（三）如何应对学员的回答

如何应对学员的回答呢？内训师需谨记，在培训课堂中所有的提问和回答都是讲师和学员之间的对话，而不是讲师对学员的答疑。很多内训师容易以长者、老师的姿态面对学员，将课堂中的提问环节变成问答测试环节，用对错来评判学员回答的内容。这样一来，学员就不愿意更多地投入提问的环节中，因为有对错的问答让人紧张，所有的人都害怕被否定、被评价、被指责、被考察。

内训师在课堂中，要试着缔造一个开放式的对话环境。在这个环境中，大家可以自由地表达观点，内训师的主要职责是维持这个对话环境，引导话题的走向，点拨学员的观点等。对话，既不是答疑，也不是指责，更不是测试。对话是什么？对话是你表达你的观点，我阐述我的观点，我们之间进行观点的碰撞，而不是非黑即白的辩论。

内训师在应对学员的回答时，不论是否认同对方的观点，都可以采取一种正向的、中性的反馈。比如，"做的不错，我赞同你的想法""你的观点有很强的现实意义，不知道同学们有没有其他的看法"等。

三、有水平的内训师是这样点评的

很多内训师都有这样的困惑，即讲课没问题，和学员之间的互动也很好，但一提到点评就两眼发懵，不知道从何说起，更不知道要说些什么。有位内训师甚至这样抱怨："其实学员的问题我都看到了，但我实在不知道该怎么说，说的话要说到什么程度。说得多了怕他们不高兴，说得少了又怕不到位。总之，我最害怕的就是点评环节。"

有这样困惑的内训师不在少数，但需要内训师点评的场景还挺多，例如角色扮演、情景模拟、案例研讨等互动之后，这里面包含的知识点和技巧，都需要及时进行现场点评。同时，能否对学员进行有效点评，也是初级讲师和中级讲师之间的重要区分。可以这样说，当一名初级讲师学会了点评，那他离中级讲师就不远了。

那些有水平的内训师都是怎样点评的呢？他们在点评的时候有技巧吗？当然有，他们是依照下面这样的"套路"进行的，如图6-2所示。

有水平的内训师是这样点评的：
- 先进行总的概括
- 找到对方的价值点
- 直截了当提出改进点
- 做一个首尾呼应的小结

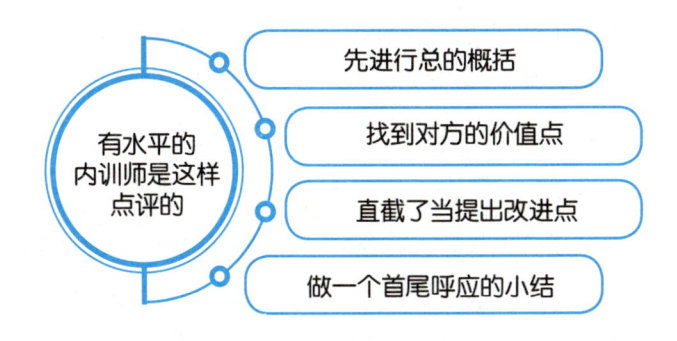

图6-2 点评学员的方法

（一）先进行总的概括

无论是怎样的回答或者活动，在点评之处，都需要对回答或者活动进行一个总的概括，说一说他们都做了什么，表达了什么等。例如，你可以这样说："总的说来呢，在整个的案例分析当中，一号小组对知识点的掌握非常的充分，小组的实操经验也是非常丰富的。"

而这种总括性的话，绝大多数都是中性或正面的表达，不会在总结中对学员提出批评或者建议，都以客观陈述为主。

（二）找到对方的价值点

第二步是找到对方的价值点，这个价值点可以是内容中有价值的部分，可以是讨论方式中有价值的部分。总之，就是在对方身上找到一个价值点，并且用很真诚的话语将这个价值点说出来。例如，内训师可以这样寻找学员的价值点："在刚才的回答环节，我们很明显看到一号小组有两点是非常值得大家去学习的，就是这几个价值点……"

不论是成年人还是未成年人，都有被看到身上价值点的需求。一般来说，当未成年人被赞扬、被夸奖时，他们的喜悦会溢于言表，明显表露出来；而成年人会稍显内敛，但双方的喜悦是一样的，只是一个显露在脸上，一个放在了心里。当价值点被看到的时候，能够在一定程度上激发学员的潜能。整个内训的课堂实际上就是不断地调动成年人的激情，使彼此之间的智慧相互交融的过程。

有些内训师说："我也试着去寻找学员的价值点，可是有些人的价值点实在太难找了，如果硬去点评的话，总感觉是在说违心的话，或者学员听到耳朵里也会觉得我在讽刺他。"这其实正是考验内训师功力的地方，内训师之所以能成为内训师，他还是有优于普通人的地方，就是能够于平常处听惊雷，在学员很简单的一个回答当中，看出非常有价值的点位，这也是内训师的基本功。如果内训师还是觉得这很困难，不妨从身边最不喜欢的人入手，写出他的10个优点，多练习几次，再结合上课的经验，找价值点这个事情就不难了。

当然，寻找价值点也不是没有目的的，除了以上的原因外，还有一个最重要的原因是为后面的先扬后抑做准备。

（三）直截了当提出改进点

有了前面的"扬"，接来下就到了"抑"的部分。如果说，前面的"扬"是为了"扬"而扬，那么，这里的"抑"，可不是为了"抑"而"抑"。这部分的"抑"一定要基于现实，基于实际需求。如果有，才提出；如果没有，千万不要硬找一个。

内训师要具备职业道德素养，本着为学员进步的目的，提出学员存在的问题。这里的问题一定是具体的、实际的、提出后有改进方向的，对事不对人的。例如，在销售案例的点评中，如果与实际关系不大，内训师没有必要去指出某位学员说话语速太慢或者太快这类无关紧要的问题；或者提出一些空泛的，学员不知道如何具体改进的问题等。

内训师提出的问题一定要直截了当、一针见血。学员来到课堂中参加集训，就是希望能够获得有用的东西，希望内训师为自己把脉诊断，了解到自己的症结和问题所在，有什么地方可以改进，而不是听一些空话。

在提出改进点的时候，如果是与业务类相关的课题，内训师要注意不要只是指出问题，还要拿出实际的例子，帮助学员把握这个业务点。例如，可以以自己为例表达，面对这样的情况，我们采用什么方式会更好一些。当需要学员去到应用知识的环境中时，示范性教学是最便捷快速的。

（四）做一个首尾呼应的小结

当做完前面三点后，一个合格的点评基本已经完成了。这时，如果还想让这个点评再出彩一些，可以为其加上一个首尾呼应的小结。

我们知道，点评这个流程是非常考验内训师能力的，这个能力包括聆听能力和理解能力。很多的内训师在点评前，在学员活动或者讲话的时候，甚至会拿一块白板或者本子记录，就是为了在点评的时候能够更有针对性。例如，内训师要对学员的游戏互动进行点评，那么，在游戏互动的时候，学员做了一些什么动作，出现什么问题，都要记录下来。这样，在点评的时候，才可以非常具象化地去描述这些东西，如，"大家仔细看，我们会发现第一位小伙伴在传递数字的时候，看到一个小数点时觉得特别的为难……"要想有针对性的点评，就必须要有详细的记录。同时要注意的是，在点评的时候尽可能多用短句而少用长句，因为短句会比长句更加有力量感，更有爆破力。

第二节　课堂时间管理与教学辅助

一、课堂时间管理"928"原则

课堂时间管理是内训师工作中的重要部分，也是内训师必须把握和具备的技能，有些内训师虽然课讲得很好，但总是因时间把控不准确而遭到学员吐槽。事实上，从你站到讲台上的那一刻起，就要有掌控整个课堂的信心和决心。课堂时间管理的"928"原则要点如下图6-3所示。

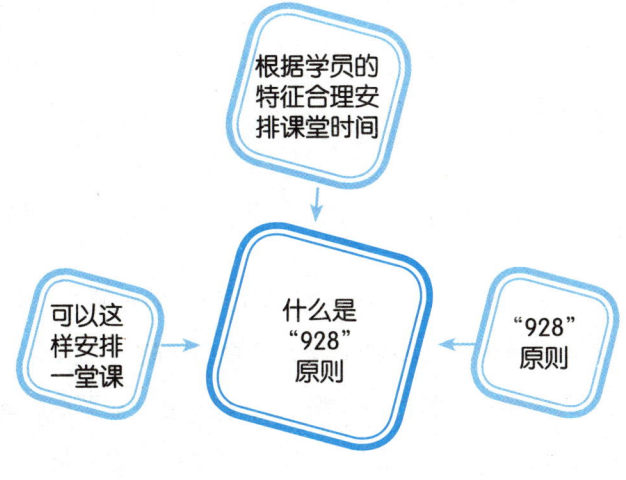

图6-3　"928"原则要点

（一）根据学员的特征合理安排课堂时间

我们在与小朋友接触的时候，会发现他们注意力的集中时间很短，在短暂的注意力集中后，又会马上被别的物品吸引。因此，教小朋友的老师需要借助各种色彩鲜艳或者有趣的教具吸引小朋友的注意。成年人的注意力与小朋友相比，能集中的时间长很多，但依然容易被更加新鲜的东西吸引走。

因此，内训师必须要以学员的注意力特征为依据，科学合理地安排课堂时间，从而获得最佳的讲课效果。有条件的内训师甚至可以学一些成人教育心理学，帮助自己更好地理解成年人参加培训的心理，了解他们在一堂课中注意力的变化特征，以便更好地安排自己的课堂时间。

在企业内训中，初级的内训师通常的授课时间为两个小时。但这两个小时，不意味着你要连着上两个小时的课，如果是这样的话，自己很累不说，也会吓跑学员。如果是两个小时左右的课时量，前后分成两次课上是比较合适的。50分钟后休息一次，每次休息20分钟，回来再上50分钟。这样，内训师自己不会太累，学员们的注意力也会更加集中。

一般来说，大部分内训师的课时是以天为单位计算的。就是说，一个内训师一天或者两天的课时，是需要内训师自己来规划和安排的。这时，又该怎样规划安排呢？

（二）"928"原则

如果是一天的课时量，那内训师在安排课时的时候，一堂课以90分钟为佳。注意，90分钟是最长的时间，尽量不要超出。因为，连续上90分钟课是一个成年学员注意力的极限。上课90分钟后，在课堂中间安排一段时间休息。而在90分钟以内，则可以不做休息的安排。我们知道，企业集训通常安排在一周内，因此，分配到每位内训师头上的课程量是非常大的，内训的课程安排得非常紧凑，要讲解的内容也非常多。太零散和太零碎的时间不利于整个课程的安排。相比于将时间拖延到晚上"加班"上课，学员们更倾向于在白天将时间安排得紧凑一点。

1."928"原则中的"9"

"928"原则中的"9"指的就是一堂课的时长，即将课堂的一次性时长控制在 90 分钟以内。有些新入门的讲师会有这样的认识误区，以为讲得越多越好，讲得越多越受学员欢迎，其实不然，这样的行为吃力不讨好，最后感动的只有自己，学员的注意力不允许他们上时间太长的课，90 分钟已经是极限。

2."928"原则中的"2"

那什么是"2"呢？"2"代表一个知识点的讲解时间或一页 PPT 的讲解时间不要超过 20 分钟。在课堂中，很多内训师会以讲授法的方式进行授课，这种授课模式下，长篇幅的讲解是不可避免的。然而学员的特征又决定他们听不了太长时间的讲解，这时，最好的处理方式就是科学地安排各个知识点的讲解。不同的知识点对学员来说也是一种新的刺激。如果一直停留在一个知识点上，会造成学员的注意力不集中等情况发生。PPT 的展示也是一个道理，一般内训师上课时都配有 PPT 幻灯片，PPT 的页面就是吸引学员的一个重要要素，如果长时间不更换 PPT，也会使学员的注意力不能长时间集中。但内训师也要注意不要走向另一个极端，就是把 PPT 做得花里胡哨，每几分钟就更换一页，这样同样会分散学员的注意力，使其不能很好地将注意力集中到内训师的讲解中来。

3."928"原则中的"8"

"928"中的"8"指的是在课堂末尾留作培训转化的时间。不管是什么形式或内容的培训，在最后，都要留 8 分钟左右的时间，用作此次培训的总结或者转化。有些内训师将课堂安排得很满，将自己准备的内容讲完以后，发现已经没有时间留作总结或转化了，就匆匆结束了这门课程。这样做的最大弊端是没有对内容进行归纳总结。在课堂中讲解的内容，对于学员来说已经是零散和混乱的，如果没有总结就结束课程，会使讲解的内容没有得到很好的梳理。因此，很多学员在下课后，依然想不起自己学了什么东西，也不觉得这个培训有什么作用，这就是没有进行总结转化的原因。最后的8分钟占用的时间不长，但是能达到的效果却是事半功倍的，甚至能起到画龙点睛的效果。内训师们一定要利用好最后的8分钟时间。

（三）可以这样安排一堂课

有些内训师会有疑问："是的，你介绍的'928'原则我已经记住了，但是这对我来说还是比较抽象，具体我应该怎么安排90分钟的一堂课呢？"

一般来说，成年人的注意力在一开始都是分散的，这时，内训师要想将他们的注意力拉回课堂，最好在开头的时候放一些图文或音频作为导入，吸引他们的注意力，使他们的心都收回到课堂中。这个导入可以设置在5分钟左右，这5分钟不需要去讲太多的知识点，单纯用有趣的东西吸引他们的注意力就可以了。

接下来的6～20分钟，是学员们注意力比较集中的一个时间段，在这个时间段里，可以讲解本次课程中重要的知识点。一些比较重点的、复杂的、需要集中注意力听讲的内容可以安排在这个时间段，但要注意的是，课堂中的内容安排需要遵循循序渐进的原则，这个时间段虽然可以安排重点的、复杂的内容，但不宜安排太难的内容。太难的内容会让学员产生"畏难"心理，从而导致对接下来的课程没有信心。

在 21～30 分钟这个时间段，学员的注意力又开始慢慢涣散了，这时候，就不可以一直讲那些重点内容了，可以设计一些小互动吸引学员的注意力，使他们的注意力重新回到课堂中来。这个小互动可以一直贯穿在整个课堂当中，最好将所有的小互动设置成有联系的、首尾互动式的，这样，内训师既容易安排这些互动，学员参与的积极性又高。

在接下来的时间里，视课程的走向安排内容，总之安排的原则就是每 30 分钟的周期中，20 分钟作为讲解重点难点的黄金时间，而 10 分钟作为互动、游戏、提问、总结等吸引学员注意力的时间。这个课程安排劳逸集合，干货与趣味性知识齐头并进，在吸引学员注意力的同时，完成了整个课程的内容讲解。

最后，留 8 分钟左右的时间，用作培训效果的转换。

二、遇到突发状况怎么办

并非所有内训师在职业生涯中都是一帆风顺的，多多少少都会遇到一些意外或者突发状况。对于年轻的内训师来说，在课堂时间管理上的突发状况尤其多，例如，讲到最后发现还有一堆重要的内容没有讲，而马上就要下课了；第一次上台太紧张，讲得太快，还不到半节课的时间，准备的内容就讲得差不多了；互动的时候学员滔滔不决，根本停不下来，又怕耽误接下来的课程，等等。遇到这些突发状况，到底应该怎样应对？如图 6-4 所示。

```
         时间不够型  01        02  内容不够型
                  遇到突发
                  状况怎么办
                      03
                   学员不可控型
```

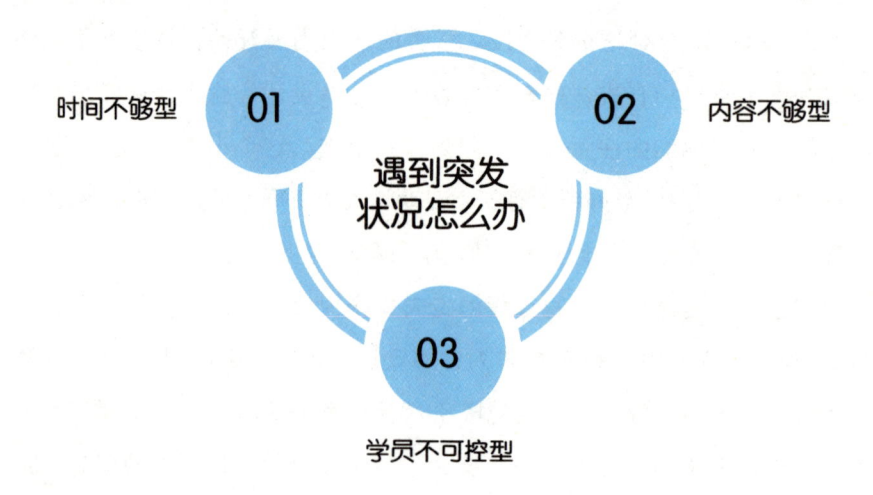

图 6-4　课堂突发状况处理办法

（一）时间不够型

这种情况很常见，无论哪个年龄阶段的内训师都有可能遇到，一般来说，年轻的内训师是由于经验不足造成的，而资深的内训师则是由于自己过于负责，而主办方安排的时间不够造成的。

这种情况应该怎么处理呢？拖堂可能是大家唯一能想到的解决方法。但拖堂是一件很危险的事情，因为没有人喜欢拖堂，拖堂的时间过长的话，还会激起学员的怨气，并不能起到真正的效果。

因此，在意识到自己的课程可能讲不完的情况下，内训师要飞速运转大脑，想一想最合适的解决方案。

如果剩下的内容不多，预估拖堂时间在 10 分钟以内，那么，提前告诉学员整个拖堂的安排，明确告诉学员大约还需要几分钟，并在规定时间内将内容讲完，最后在讲完课后向学员表示歉意。一般这样的处理方式学员都能理解和接受。但如果不提前和学员说清楚还需要几分钟就直接拖堂，有时尽管拖的时间不多，也会引起学员的反感，甚至会导致有些学员直接离开课堂；如果向学员说了需要 10 分钟，最后却没有按照约定的时间讲完，反而拖了 20 多分钟，这种行为也是不好的，有些学员会觉得老师"信用破产"了，不会再相信老师了。在往后的课堂管理中，学员就不会选择无条件地信任这位内训师。在这里要注意的是，一般五页之内的 PPT，预留 10 分钟左右是合理的；如果超过五页，就没有必要跟学员许下 10 分钟之内讲完的承诺。

如果需要拖堂的时间在 10 分钟以上，那内训师最好就不要做这种长时间拖堂的打算了。即使你的课讲得再好，如果拖延很长时间，课堂的效果也会大打折扣。尤其对于新晋的内训师来说，将课程讲得精彩绝伦的可能性不高，资深的内训师拖堂尚不受欢迎，何况新晋的内训师。那讲不完的内容怎么办？

有两种解决方案，先衡量自己没讲完的内容和知识点，是不是值得再开一个课程，如果不值得，那就将没讲完内容的课件和教案等信息，以电子版的形式发送给学员，邀请学员在课后自己学习；如果落的东西实在太多，需要再开一个课才能讲完，那么在适当的时候结束课程，告诉学员接下来可能的安排，然后在课后及时和工作人员沟通安排加课的事宜。一般来说，如果不是特别有必要，不建议用加课的方式处理，因为课程安排的影响因素极多。无论是哪种解决方案，都要为这次的课程做一个结尾和总结，带学员回顾此次课程的主要内容，做好总结或转化，有始有终。

（二）内容不够型

还有些内训师，出于经验不够或者过于紧张的原因，准备的内容太少，或者在课堂中进行的互动太少，一直在快速地讲课，导致很快就把课程讲完，留下很长的空白时间和学员面面相觑。

对于可能发生这种情况的内训师，建议是在准备课程的时候，除了正常的备课以外，再准备一些额外的素材，以防止因过早讲完课程而造成时间留白的尴尬。这些素材按照平时一节课50%左右的量来准备即可。刚刚踏上讲台的内训师一般都有这样的情况，非常紧张，有些讲师是卡壳，大部分讲师是语速不自觉变快，把上课变成了背稿子。这样一来，提问没有了，讨论没有了，连基本的停顿也没有了，课越上越快，原本90分钟的内容50分钟就上完了。剩下40分钟怎么办呢？只能干等着。

如果能提前准备一些内容，那么，这时候就可以用提前准备的内容应付接下来的40分钟。一般建议准备一些视频类的、互动类的，既吸引学员注意又消耗时间的内容，在留白的时间里，就可以用准备的内容应对。

如果是准备的内容太少了，或者一点儿东西也没有准备，怎么办？这时候，就要发挥诸位内训师的智慧了，坐着等下课肯定是不行的，这是下下策。比较好的解决方式是利用这段时间和学员互动，提问、做游戏等都可以。另外，内训师如果准备了其他专业的内容和课程的话，也可以由本次课引申出去，适当地讲一些这些内容。记住，一定不要让学员自己玩手机而不做任何引导。

（三）学员不可控型

这也是授课中比较常见的一种情况。内训师按照自己设计的课程在课堂中间和学员进行互动，有时气氛非常热烈，有些学员的表达欲望非常强烈，就会拿起话筒滔滔不绝讲很多内容，使整场互动失控，整节课面临拖堂的风险。这时候该怎么处理？有些内训师会犹豫又困惑，一方面，觉得要尊重学员，尽量不要打断学员；另一方面，又觉得放任下去会对整个课堂造成影响。事实上，在这样的情况下，内训师可以大胆地打断学员，因为掌控课堂时间要放在第一位，所有影响课堂时间的因素都需要被制止。

在打断学员的时候，可以这样说："不好意思打断一下，因为时间的关系。我相信我们小组的伙伴，已经有在刚才的过程当中……"在打断的时候，一定要将原因表达出来，同时，要对学员的发言有适当的总结，亮点一定要指出来。

三、课堂中的教学辅助：三必带、三必试、三必调

想象一下，一堂课马上就要开始了，你会准备一些什么东西呢？很多内训师对此没有概念，认为与教学相关的物品都是应该由工作人员准备，与自己无关，自己只要准备好上课就行了。其实不然，内训师对于在课堂中出现的物品，要有基本的控制。课堂中出现的教学辅助品很多，其中基础的配备可以总结为三必带、三必试和三必调。

（一）三必带

三必带分别是笔记本电脑、激光笔和手表，如图6-5所示。

图 6-5　三必带

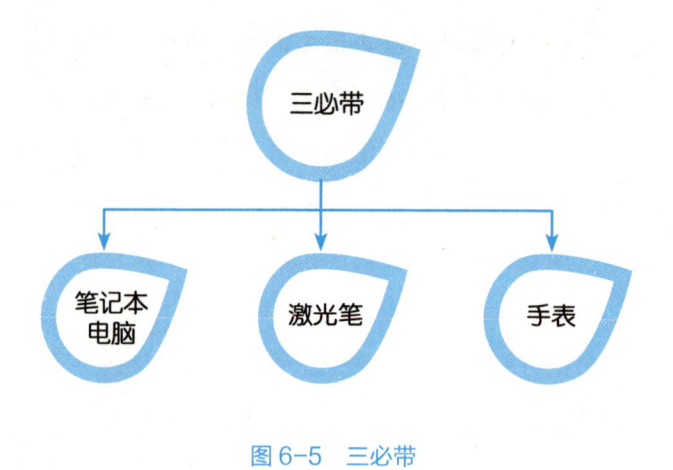

1. 笔记本电脑

笔记本电脑主要用于课件播放和修改。很多内训师对笔记本电脑很不在意，随意拿着公司配的电脑就出来了，或者拿着自己学生时代买的笔记本。到了现场发现，自己的笔记本连 PPT 都打不开，或者即使打开了也非常卡。在课前发现错误想要修改的时候，原本一分钟就能解决的事情，却花费了十几分钟；又或者自己的电脑没有与投影设备连接的接口，自己也没有提前准备转换器，只能在课前匆匆忙忙把课件导到教室的电脑上，换了电脑又发现文件的格式不兼容，或者打开后 PPT 的排版是混乱的。以上这些情况，影响上课前的心情不说，有时直接耽误上课。俗话说，"磨刀不误砍柴工"，对于经常出门在外的内训师来说，用的顺手且好用的笔记本电脑是刚需，如果公司配的电脑没有办法达到标准，自己要想办法解决这个问题。只有自己熟悉的电脑和系统，在课上出现问题的时候，才能快速解决。

2. 激光笔

激光笔主要用于 PPT 翻页。在上课时，用电脑鼠标翻页和用激光笔翻页给学员的观感是不同的。鼠标固定在电脑讲台上，如果使用鼠标翻页，意味着每一次翻页，内训师都要回到讲台前弯下腰操作这个动作，如果翻页频繁，那么内训师基本无法从讲台上解放下来，频繁地弯腰对整个形象的呈现也不利。如果能提前准备一个激光笔，那么，内训师就能从讲台上解放下来，更加自如地穿梭在教室中，自信地讲解。

3. 手表

手表主要用来掌控时间，同时也是专业形象的展示。很多线下的教室没有挂钟，比起用手机或电脑看时间，用手表看时间更能体现内训师的专业范儿。

（二）三必试

三必试指的是投影设备、麦克风及音响、课件必须要在课前调试，如图 6-6 所示。

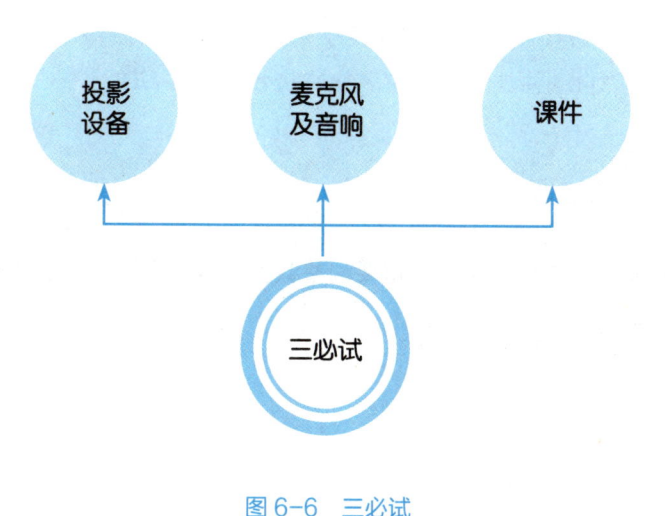

图 6-6　三必试

1. 投影设备

调试投影设备这件事不难理解，在上课前要打开幻灯片试验一下投影设备的清晰度以及投影尺寸是否合适。清晰度和尺寸均以教室最后一排的同学能否看清楚为准。从线下的经验来看，投影设备出问题的较少，但这也不意味着内训师可以略过这个部分。

2. 麦克风及音响

麦克风及音响从往常的经验来看，是比较容易出问题的部分，因此，大部分内训师在上课前都会有事先调试的意识，和投影设备一样，麦克风和音响的声音也以教室最后一排的学员能听清为准。值得注意的是，有些音响设备在电子设备靠近时，会出现极其刺耳的电音，因此，要提醒靠近的学员关闭手机等电子设备。

3. 课件

课件先试主要指检查课件能否正常打开，其中链接的视频和音频能否正常播放，课件是否出现乱码或者排版错误等。如果时间有富余，还可以再次检查课件中的行文和表述，以及错别字等。在这些都没有问题以后，使用"自动播放"的功能测试放映效果。

（三）三必调

三必调指的是在上课前一定要调整教室光线、讲台站位和桌椅布置，如图 6-7 所示。

图 6-7　三必调

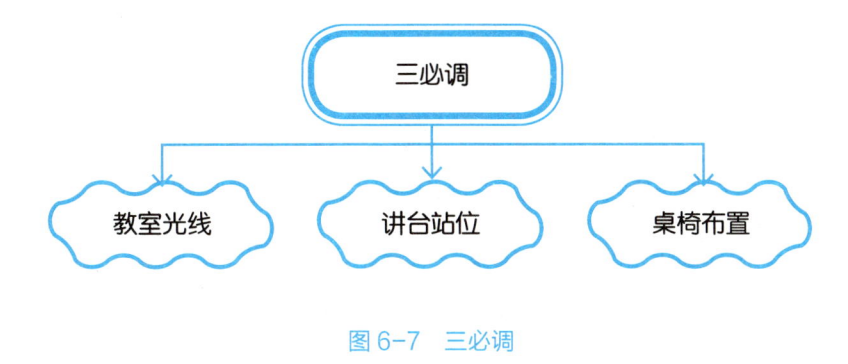

有人戏称，内训师集"编、导、演"于一体，要自编、自导、自演。自编和自演的部分都很好理解，那自导是指什么呢？其实就是对教室光线、讲台站位、桌椅布置这些内容进行调试。

一般的线下教室都是按照传统的教室模样布置，如果课堂上会用到案例教学法或者其他需要讨论的教学法，那么事先就要按照岛屿式对课桌进行布置，将所有的学员安排到合适的位置中，方便接下来的教学。

教室光线、讲台站位则按照自己的习惯事先安排好。有些内训师在上课时会有些自己独特的习惯，比如希望教室中的光线不要太强烈，讲台能放在最中央等，这些都是需要内训师自己在上课前调整好的。因为现场的工作人员不一定清楚你的喜好。而内训师的一堂课往往要上一个小时以上，如果教室中的这些东西没有布置好，就会非常影响上课心情。一般来说，在授课前至少半个小时，内训师就应该到达会议现场，去现场感受氛围，从而对现场中不合适的桌椅、灯光、位置等进行调试。

第七章

复制一个火爆的 IP

现在已经不是闷头做教书匠就能获得关注的年代了，你的声音需要被更多的人听到，你的课程需要被更多的人学习，那如何获得这些关注和流量呢？这要学会经营和营销自己的个人 IP。如果在此之前，你对此毫无想法，或者在初次试水后总是不成功，不妨直接翻开这一章，看一看如何"复制一个火爆的 IP"。

第一节 拟一个讨喜的人设

一、为什么说内训师需要人设

很多内训师有这样的疑问:"我平时的工作是讲课,那我只要把课讲好就可以了吧,最多再学会如何开发和设计课程。像人设这件事,是明星们才关注的,我一个讲师,为什么要关注这些东西呢?"

有这样想法的内训师多半对这个行业理解得还不够透彻。内训师不同于常规学校里的讲师,内训师和学员之间的关系多是临时的、快速建立起来的,而随着线上课程的流行,内训师和学员之间的关系变得更加微妙。这时候,要想快速获得学员的信任,拉进与学员之间的距离,立一个特征鲜明的人设最简单不过。

小赵是个资深的追星族,有五六个"爱豆",但是毕业以后却从事了与追星没关系的内训师的工作。公司看她性格比较活泼,对新鲜事物的接受度也很高,当公司第一次有直播课的时候,就将这个任务派给了小赵。

刚开始,因为很多人都没接触过直播课,完全不知道应该怎么面对镜头。由于小赵所在公司对直播课完完全全是一种全新的尝试,他们并没有将企业的固定学员引流到网上，而是将直播课链接在各大平台上，通过免费直播的形式吸引散户买课。公司当时线下的课时费比线上的直播课多得多，因此，直播课本身还不能做到自负盈亏，需要其他项目为其输血。公司当时线下的课时费比线上的直播课多得多，因此，做直播课的课时费相对很少，大家都不愿意接这个吃力不讨好的活儿。

但是小赵却将其开心地接下来。一开始她也不懂怎么做直播，好在她平时看的明星直播多，镜头感也强，几天的时间下来，就适应了直播课的环境和节奏。小赵直播课的定位是吸引散户买课，因此，在散户进入直播间的这几分钟里，小赵就要牢牢吸引住他们，然后再引起他们买课的欲望。

经过几天的直播，小赵发现，虽然平台给的流量很好，很多用户都被吸引进直播间听课，但大多停留一两分钟就走了，购买量就更不用说了，寥寥无几。她觉得很有挫败感，甚至有点怀疑自己的选择。

在偶然的一次和追星伙伴的聊天中，大家聊到了明星的人设，小赵对此也没多想，抱着戏谑的态度看待人设这件事。但一个朋友说的一句话却让她陷入了思考，朋友说："××有什么演技呀，还不是靠人设给他'吸的粉'，要是没有这么好的人设，谁会去在意他呢？"

真是一语点醒梦中人！对，就应该靠人设去"吸粉"。从此以后，小赵在工作上转变了思路，根据自己的特点，给自己立了一个活泼可爱的小助理人设。这个小助理的人设直接向用户表明了：一个小助理讲课都这么有趣了，你想想购买的课程会有多优质；小助理嘛，和讲师不一样，有问题可以随时问；好活泼可爱的小助理呀，这家企业的氛围真好……

有了这个人设做铺垫，小赵的直播课工作开展起来顺利多了。在她的努力下，业绩翻了几番，因为转换率足够好，网络直播部的业绩上去了，渐渐地能自负盈亏了，小赵拿到的课时费也多了起来。

随着"人设崩塌""人设与实际严重不符"等负面词语的传播，很多人对人设的看法还停留在传统阶段，认为人设就是一种骗人的方式。因此，一提到"人设"就很排斥，其实不然，人设不一定要与自己不同，我们可以在综合自己性格特点的基础上，拟一个与自己高度相关的人设。

人设是一种运营技巧，其目的是打造和包装自己，用鲜明的个性特点让自己快速地被用户们记住并获得他们的信任，以便快速展开接下来的工作。为什么说内训师也需要人设呢？如图7-1所示。

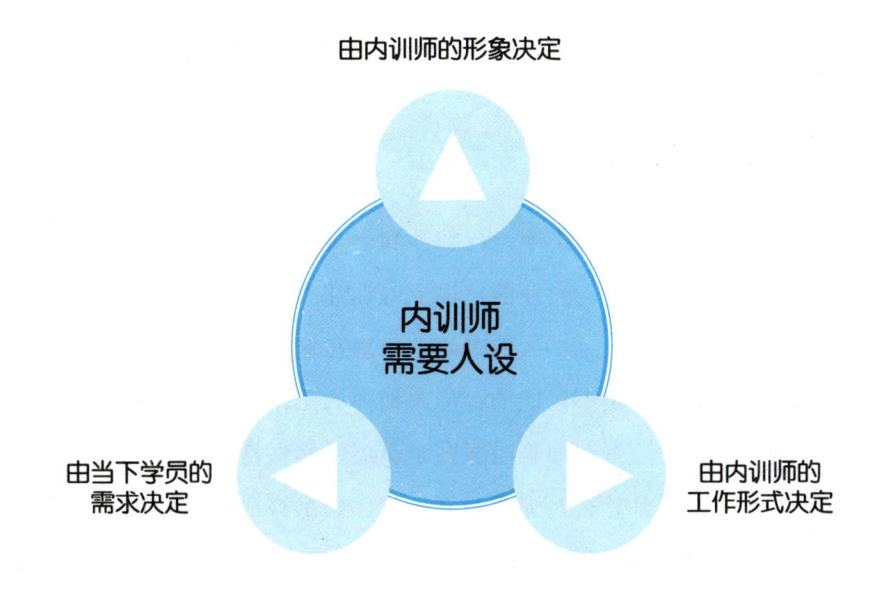

图7-1 内训师需要人设的原因

（一）由内训师的形象决定

内训师站在三尺讲台之上，所有学员的目光都集中在这里。除课程本身让学员产生兴趣外，内训师的个性形象也是学员关注的重点。在学员课下私自的交流中，我们经常能听到这样的评价："这个老师长得好帅呀！""我原本以为这是一个古板的老学究，没想到讲起课来这么有趣""这个老师好温柔，听她的课如沐春风""这个老师看着好专业，感觉这个的培训很有档次"，等等。事实上，学员是很愿意关注和评价对内训师的个人感受的。那么，要想及时、快速地获得学员的好感，最好是给自己打造一个人设，快速向学员传递你到底是一个什么样的讲师。这样，学员在心中对你、对这个课程就有了快速的定位，为后续的工作铺平了道路。有些内训师甚至因为人设深入人心，引发学员"追星"，从而获得第二次授课的机会，这就是人设带来的另一种好处。

（二）由内训师的工作形式决定

受内训师工作性质的影响，内训师和学员之间的关系通常不是稳定且长期的，而是临时的，短期的。很多内训师和学员之间相处的时间往往就是几节课，或一天、半天的时间。要想在这么短的时间内让学员对内训师有深入的了解是不可能的，但内训师的工作又需要学员对其产生信任和兴趣。因此，内训师必需要向学员展示其性格魅力。那么展现性格魅力最快的方式是什么？那便是立人设。一个特征鲜明的人设能够让学员快速对你产生印象和兴趣，从而快速建立信任，有利于接下来的课程开展，尤其在一些互动性很强的课程中，内训师的人设就是"破冰"的快速方法。

（三）由当下学员的需求决定

参加企业内训的学员，多半是企业中的员工，这些员工有一定的生活经历、工作基础，有很强的自主性。对于培训，他们通常是有内在需求的，如解决工作中实际问题的需求，提升技能的需求，扩大交际圈的需求等。

这些需求实际而目的性强。这种高需求和高目的决定了学员并没有心情去接纳一个资质平平的老师的课程。他们需要老师直截了当地告诉他们应该怎么做，下一步可以从哪里入手等。而老师的这种直截了当是需要人设支持的。设想一下，一个看上去很平淡、没有什么性格特征的老师告诉你这样做就能够成功，你能信吗？由此来看，内训师必须要有一个专业的人设让学员产生信任感。

二、不要拟一个与自己毫不沾边的人设

很多内训师说："既然要打造人设，那我就奔着学员最喜欢的那种人设去。什么好往自己身上加什么，学员一定会信任且喜欢我了。"其实不然，人设虽然是后天人为打造的，但如果和人物本身的形象特征毫不沾边，那必然会失败。

小张是一个个性急躁，但行动力非常强的新晋内训师，在听了几节关于人设打造的课程以后，就迫不及待地为自己打造了一个人设。他的人设是这样的，即从国外学成归国，但放弃了家族企业，为了圆自己当老师的梦想，而成了一名内训师。

为了强化自己的人设，小张在每次上课前都会跟学员说一遍自己的入行"经历"，通常会引得"哇"声一片，大家觉得这个老师也太酷了，是一个有理想、有决心的青年才俊。下课后，甚至还有女学员过来主动聊天，加微信。

然而，没过多久他就露出了马脚，原因是他带有浓重方言色彩的英语发音出卖了他。我们知道，在培训课程中，经常会有一些概念和术语是从外国翻译而得来的，要想解释清楚这个概念或术语，免不了需要读这个英文单词。

此外，小张的很多细节也暴露了他并没有出国留学过，也不是家族企业

成员，例如，他的个人修养、言谈举止和理念观点，这些都让学员产生了深深的怀疑。

两堂课下来，就有学员认定他是一个骗子。这个学员将他不是学成归国的人设发在了学员群里，言语中不乏讽刺意味。这些言论引起了所有学员的注意，他们发现小张确实不像他自己说的那样。因为人设与现实不符的事情，他们甚至对小张的人品产生了怀疑，以为他是一个江湖骗子。更有甚至，直接举报和投诉了小张。原本小张的这次内训课有五节，因为学员的举报和投诉，上完两节课后便草草结束。

事后复盘人设打造这件事的时候，小张痛心疾首地说："我真的是太着急了，吃了人设与真人太不相符的亏，实际上我的课讲得并不差，但是学员在识破我的虚假人设后，就对我产生不信任了，再好的课程也没有用了。我在这个事情上真是吃了个大亏。"

事实上，一个学成归国的人设对内训师的专业并没有多大的帮助，而一个与自己实际完全不符的人设则能给学员造成巨大的冲击，学员会认为自己受到了欺骗，进而对课程产生怀疑。

有人是这样形容人设打造的，他说："打造人设如同拍电视剧，越真实、越是对生活的提炼，越能引发人们的共鸣和信任。"我们知道市场上充斥着很多劣质的悬浮剧，这些剧其实非常讨好观众，观众想要什么，他们就呈现什么；有时候没有条件创造条件也要上。但这些剧最终还是被批判为"油腻""悬浮""脱离现实"等，受到了市场的厌弃。

一个与自己毫不沾边的人设也如同这些悬浮剧，远看时确实花团锦簇，十分吸引人，能吸引到很多的流量，但经不住细看。学员一开始被蒙在鼓里，也会非常热情地欢迎你。然而，当进一步接触，真实的一面被学员看到后，他们会感到失望，这种失望情绪造成的破坏力是极大的。大家不妨想一想那些人设崩塌的网红和明星，他们的"复出"之路有多艰难。内训师的热度和影响力虽然不及他们，但如果学员对一位内训师感到失望，造成的后果也是灾难级别的。

三、如何打造优质的人设

我们能够发现，人设一方面确实需要人为打造，另一方面又不能与实际脱离太多。即我们既要打造人设，又要打造优质的人设。那么，如何对自己进行人设打造呢？一般来说，内训师的人设可以分为两种类型，第一种是以真实人生为基础的人设；第二种是人为打造的 IP 人设，如图 7-2 所示。

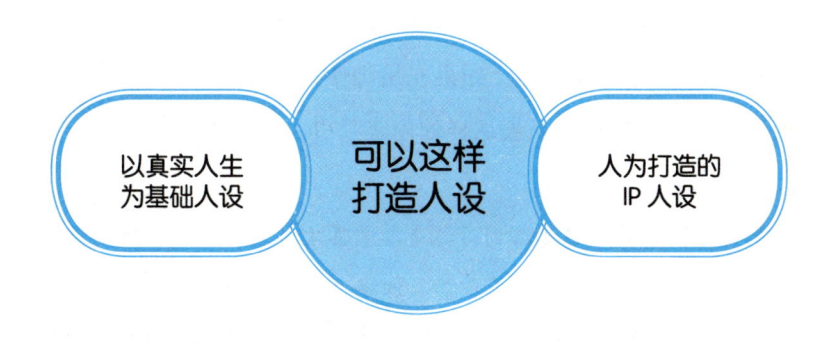

图 7-2 打造人设的两个途径

（一）以真实人生为基础人设

真实人生的人设是以自己的人生为基础的，主打一个"真"字。有些人觉得这是一句废话，如果是真实人生，那我照日常的样子去讲台上课就可以了，还打造什么人设呢？其实不然，真实人生的人设是脱胎于真实人生，但是又高于真实人生，是对真实人生的提炼和总结。

例如，有些内训师在成为内训师前，有很长时间的一线业务销售经理的经验，而在这段销售的工作经验中，他总结了很多对学员有益的经验，经常会在上课中为学员讲解这些有益的经验，或者以这段经验带出课程的重点，或者以这段经验作为案例向学员展现一线销售实战。那么这样的内训师就可以为自己打造"销售精英讲师"这样的人设。在课程中有意穿插自己的经历和经验，分享那段工作的感悟和有一些只有做过销售人员才知道的经历等。

千万不要小看使用真实人生进行打造的人设和相关的经验分享，因为确实有过这样的经历，在课程中穿插相关的内容会使课程更生动、真实，学员也更能被这种鲜活生动的案例吸引。学员大多为企业的员工，而企业员工大多接受过高等教育，他们对大学中的那种严谨的、严肃的、理论的课程内容已经很熟悉。如果在培训中能穿插一些真实案例和接地气的经验分享，他们很容易被这样的内容吸引。

老朱是业界精英，但他培训时还是非常喜欢讲他在入行前的经历。在入行前，老朱做过的工作很多，装卸工、油漆工、理发师……老朱几乎是从底层一路摸爬滚打上来的。当时一个非常偶然的机会他接触到了企业内训工作，他对内训师这个职业非常感兴趣，觉得这简直是自己的理想工作。老朱中专毕业就出来工作，从事的几乎都是体力劳动。一下子进入内训师行业，跨界实在太大。

但老朱对这个行业有着极强的兴趣，并凭借着异于常人的学习精神，竟然真的成了一名受人尊重的内训师。这期间老朱必然经受很多挫折，所有人都觉得他会对此段经历讳莫如深。但大家都想错了，老朱非但没有刻意隐藏那段经历，反而以那段经历为豪，甚至时不时在课堂上跟学员讨论"我是如何从一名装卸工成为内训师的""一名理发师成为内训师是一种什么体验""为什么我建议所有的销售都跟托尼老师学学怎么聊天",等等。

他以"学历最低的内训师"自居，经常用他深刻而独到的经历给学员带来深深的感悟，他不惜用自己的经历为学员做案例，一点一点剖析工作的本质是什么。

虽然老朱没有很高的学历，但他也正因此不受传统课程的束缚，自己独创了一种"唠家常"的沟通方式，与学员拉进了距离。另外学历不高不代表读书少，老朱在课下读了很多书，各行各业的都读，各种类型的都读，这是他的理论体系深刻而不受条条框框的束缚的原因。

学员们也并没有因为老朱的学历低而对他有另外的看法，他们经常被他的课深深吸引，在课程结束后，还四处向朋友们推荐："嘿，你们听说过一个叫老朱的讲师吗？他的课太有意思了。"

（二）人为打造的 IP 人设

如今，自媒体很发达，很多内训师在各大平台都注册了账号，并为自己安上了一个有趣的人设，将此作为一个 IP 运营下去。因此，在讲课的时候，他们也经常会延续网络中的人设，为自己打造的 IP 集聚人气。

很多没有在平台做个人 IP 运营的内训师也非常感兴趣，对此跃跃欲试，那么，究竟该怎样打造 IP 人设呢？

1. 向内找到人设定位

有打造 IP 人设意向的内训师，可以首先分析自己，对自己进行深度且真诚的剖析和坦白。写下自己擅长的东西，如果想在个人 IP 中强化内训师或培训师这个职业，还需要写下自己擅长的课程。这里的擅长一方面指的是专业上的擅长，另一方面指的是讲课输出时的擅长。有些内训师可能觉得 A 是自己擅长的，但实际上，在上 A 课程时，反响平平；觉得自己对 B 的把握非常一般，但每次上课时，都能引发学员的强烈反响。

在这里，内训师就要重新考虑一下对 A、B 的定位。在网络上，需要吸引的都是一些路人的注意力，如果一个课程在线下都很难吸引到学员的注意力，那放到网络上就更反响平平了，如果这时候还将它作为自己擅长的课程重点推荐或以这类课程的风格去讲解别的内容，就很有可能只是孤芳自赏。因此，内训师最好是选择那些既能引起学员强烈反响，又自己很擅长的课程。

2. 强化自身优势

如果内训师很擅长 A 课程，那最好以 A 课程为圆心，发展自己的课程体系，然后在社交平台上为自己打造一个 A 类课程专家的形象，不断地向用户强化这个形象。在线下授课时，也可以以 A 类课程为主。既然给自己打造了 A 类课程专家的形象，那么，一定要在内在上充实这个形象。很多内训师有顾虑，他们认为："我虽然擅长 A 类课程，但远没有到达专家的地步，在网络上这样宣传自己，是不是有些自说自话，甚至欺骗用户？"其实不然，我们将自己定位为 A 类课程专家并不是没有一点儿依据的，第一，确实擅长 A 类课程；第二，从立下这个人设的这一刻，就要用自己的专业知识、专业视野等不断地充实自己，直到自己实现这个人设为止。在人设这件事情上，最初的适度夸张是被允许的，这其实也是内训师为自己设下的目标。但一定要在短期内快速实现它，如果是那种两三年都实现不了的人设，确实不应该将它写在网络上欺骗别人。

3. 向外用妆容等衬托人设

内训师是一个专业性质很强的职业，而个人 IP 打造在一定程度上是依据个人的形象来完成的。这时候，就可以用服饰妆容等强化突出自己的专业性。

小崔和他的同学小陈都是很年轻的内训师。小陈在毕业后选择了一条和小崔不同但又有点儿相似的工作。

小陈的工作是进入校园向学生推荐一款与学习有关的操作系统，而这类产品的用户，一般都迷信专业性更强的工作人员。为了使自己的产品得到更好的推广，小陈经常化一些比较成熟、专业的妆容，穿正式略显古板的正装，这使小陈能快速得到用户的信任，从而快速推销出自己的产品。

在一次聚会中，小陈将自己的经历和小崔分享。小崔大吃一惊，大有一种"还能这样操作"的感叹。不过聪明的他立刻反映过来可以在自己的人设打造上这样操作。

原来的他非常不注重个人形象，经常穿着卫衣就开始录制视频，有了这次点拨后，他试着穿正装、打领带出镜展现出非常专业的形象。

经过一段时间的努力和自己的辛苦运营，小崔果然涨了不少粉丝，他的课时费也随之涨了不少。

在使用妆容和服饰衬托形象的时候，要注意分清主次，永远要记得内训师个人的 IP 人设才是最主要的，一切的妆容和服饰都是为人设服务的，切不可因为过于突出妆容和服饰，而把自己变成一个模特。

此外，妆容和服饰在设计的时候要注意结合自身的条件和形象，考虑到人设的特点和自己实际的外在条件，以匹配、专业、大方为主要原则，同时，考虑当时环境的背景，争取人与背景互相协调，产生"1+1＞2"的效果。

4. 把控内在因素丰满人设内核

虽然人设是通过人为打造的，但是支撑人设的内在却不是说有就能有的。因此，当自己有了一个相应的人设以后，内训师应该时时刻刻注意自己的内在因素，以及对受内在因素影响的眼神动作等的管理。有句话叫"相由心生"，虽然在人设打造这方面还暂时到不了这种程度，但是内在的因素却会实实在在影响外在的表现。

如今,内训师为了给自己打造人设,给自己安的名头都很大,学员一时也分辨不出,只能靠自己的观察判断内训师是否名实相符。而学员观察的就是内训师上课时表现出的细节。最基础的观察如走路时是否自信,说话时是否不急不躁;进阶观察如发表观点时是否不偏不倚,分析问题的时候是否透彻准确等。

因此,内训师在确定人设以后一定要进一步提高自身的内在修养,以提高人设的可信度。一个优质的人设,必然是真实且丰满的,就像电影角色,虽然我们知道这是由演员表演的,但是因为其真实而丰满的人物个性,我们还是会沉醉其中,随着情节的推进或悲或喜。

第二节　千方百计实现人设

一、设计好人设后，要坚持实现它

很多内训师在打造完人设以后就觉得自己完成任务了，或者觉得自己已经是这样的人了，就会将其束之高阁，或者以这样的人设自居，仿佛不需要任何努力就可以实现人设。这些都是非常不可取的。一方面，拥有怎样的人设需要内训师自己打造和规划；另一方面，是否真的如人设一样，需要内训师自己的个人努力。这个世界上并没有随便一说就能实现的人设。

小齐为自己打造的人设是行业专家，虽然他已经入行七年，在某些领域确实精通，可以算得上半个专家。但在更多的方面，小齐还差很多。在给自己打造成行业专家的人设后，小齐就经常以行业专家的身份出席各类活动，一开始，他确实能够应付这种场合，讲起概念术语来头头是道。各种活动的主办方也很乐意邀请小齐，因为他不仅要价不高，时间上的配合度也好。

可时间久了，虽然各类活动的主办方对小齐还是一如既往地尊重，并充满热情，但小齐自己却觉得不好意思了。为什么呢，因为每个活动，他翻来覆去就是那几套理论，就是那么一点儿东西。当他想要谈得更深入，从更高的角度去说这件事的时候，发现自己做不到。但好在这些活动面向的群体多半不是专业人士，小齐的这个专家身份还未被戳破。

小齐原本想着有了专家这个人设之后，可以一边工作挣钱，一边利用空闲时间提升自己的能力，让自己成为真正的专家。然后参加工作后，他发现日程实在是太满了，根本没有时间去学习和提升自己。

怎么办呢？他深深知道，以目前的经验和学识，专家这个身份迟早是会被戳破的。痛定思痛，他决定舍弃一部分完全"走穴"式的商业活动，保留了一些对专业成长帮助很大的活动，在指导别人的同时，也加强自我学习。再后来，他干脆停掉了所有的商业活动，用几年的时间安安心心上课、提升自己。等他在业界真正积累一些成果，真的被业界同仁称呼一声"专家"后，他才参加这些活动。

与他一起入行的一位同事这样说："我们一开始都知道小齐当专家不够格，都认为他依靠这个名头混混算了，没想到他还真把自己逼成了一个专家。我与他同年入行，论资质条件，并不比他差，可我现在还是一名一线的内训师，而他却已经是一位名副其实的专家了。从立人设到成为人设，他这些年的勇气、魄力还有努力我都看在眼里。没有人是随随便便成功的，说真的，我打心眼儿里佩服他。"

很多内训师在立人设的时候，想得很简单，以为像自己小时候说长大后想成为什么人一样，"科学家""宇航员""企业董事长"脱口而出，完全忘记了自己立的这些人设是需要一步一步实现的。那么，又该如何实现自己立下的人设呢？如图 7-3 所示。

第七章 复制一个火爆的 IP

```
                    ┌─► 先看看自己立的人设有没有人相信
                    │
    ┌─────────┐     ├─► 愿意在未来的日子里付出努力实现人设
    │ 实现自己 │─────┤
    │  的人设  │     ├─► 规划实现人设的步骤和路径，并为此制定时间计划表
    └─────────┘     │
                    └─► 成为人设，巩固人设
```

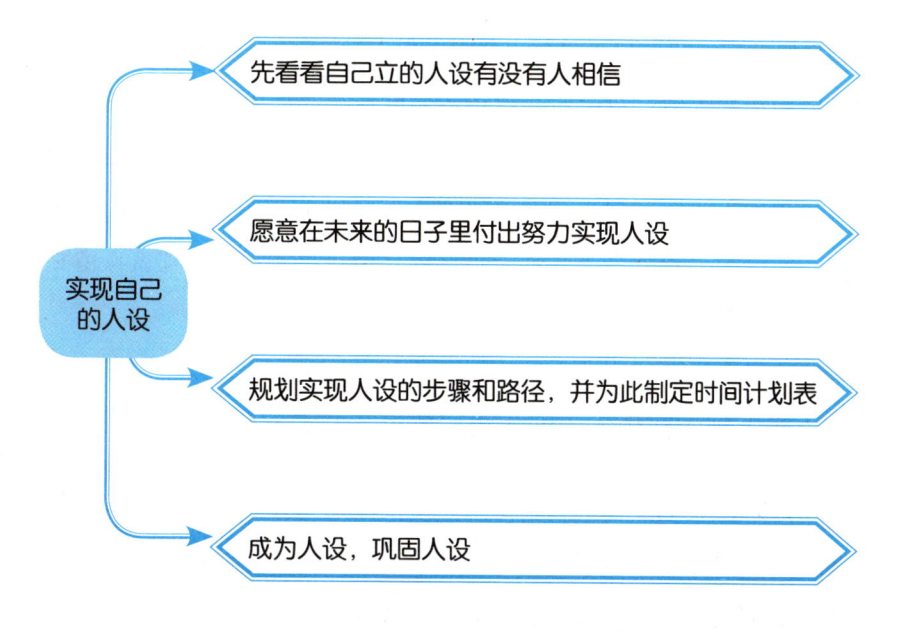

图 7-3　实现人设的步骤和方法

（一）先看看自己立的人设有没有人相信

有没有人相信是检验人设的最佳试金石，如果一个人立的人设没有人相信，或者大部分人都持怀疑的态度，那么，趁早舍弃这个人设，免得给人留下"骗子""不靠谱"等负面印象。

（二）愿意在未来的日子里付出努力实现人设

如果有人相信，那就再看看相信的人有多少，如果相信的人只是一部分，另一部分人持怀疑的态度，说明这个人设与你自身有不符的情况，你自己的条件足以支撑自己的人设，此时，最好是对自己有个判断，如果自己真的非常想成为这个人设，且这个人设是可以通过努力实现的，

自己也愿意在未来的日子里付出努力实现人设，那么，可以考虑保留人设，或者适当弱化人设，以更符合自己的实际情况；如果自己对人设本身并没有那么认同，也不是很想在这方面花费力气，或者说这也不是努力就能够实现的人设，那就考虑放弃这个人设；如果有人相信，且相信的人很多，而这个人设本身又是通过自己的努力可以实现的，那就保留它，并努力去实现。

（三）规划实现人设的步骤和路径，并为此制定时间计划表

在这里，我们提倡的目标是那些可实现的人设。有些人设即便与你距离不远，但无法通过后天的努力实现，如天才少年这样的人设，最好的方式是调整人设。要客观分析自身的实际情况与人设之间的差距，不做无法实现的规划。做好规划后，就要计划实现目标的路径，虽然路径的方式多种多样，但要注意的是，一定要走正道，不要出现欺骗行为。

（四）成为人设，巩固人设

如果能走到这一步，那就要跟各位说一声恭喜了。这一路走来并不容易，实际上，我们每个人都是平凡而普通的打工人，并没有什么特别突出的地方，然而现实的工作却要求我们有趣、幽默、专业、博学，我们正是本着对工作和生活认真负责的态度，一步一步逼着自己成为更好的人，成为更符合大众期待的人，成为能够影响大部分学员的人。当实现人设后，我们会发现眼前的视野和对工作的思路都与之前大不相同，拥有的资源也多了很多。这个时候，要记得当初自己为自己打造人设时的初心。例如，有些人想成为行业精英，从而在某个领域影响更多的人。当自己有能力实现这个初心的时候，不要怕麻烦，也不要觉得当初的想

法幼稚。因为正是当初的这个想法逼着自己一步一步成为这样的人，要记得帮当时的自己实现初心。

二、实现人设的 N 条路径

有些人问，既然人设打造以后不能轻易放弃，那应该怎么做才能实现呢？实现人设的路径都有哪些呢？在这里，如果直接设想该怎么实现人设，那对很多人来说都太过陌生，难以理出头绪。这时，我们不妨将人设依次替换成目标。想象一下自己在平时定下目标后都是怎么实现的，这样一拆解后，实现人设这件事就变得容易得多了，至少在概念理解和思路梳理上变得容易得多。

和实现目标一样，实现人设主要可以归纳为以下几种路径，如图 7-4 所示。

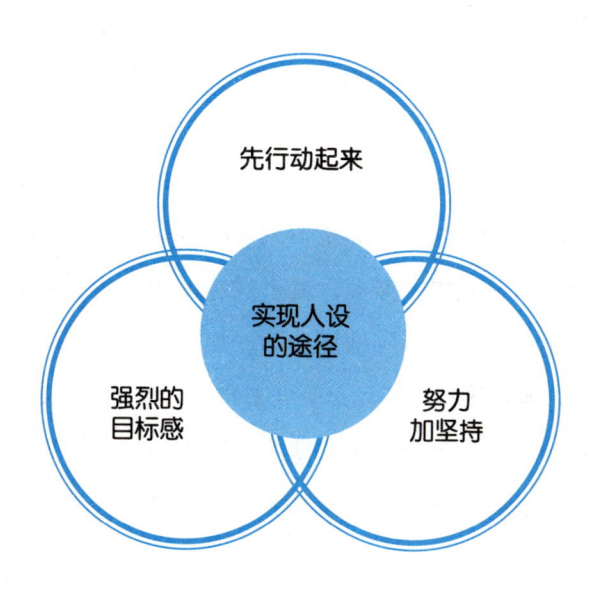

图 7-4　实现人设的途径

（一）先行动起来

人设和实际总有些差距的现实是让人心慌和担忧的，但心慌和担忧并不能使事情向好的方向发展，反而有可能使事情变得更加糟糕。解决问题最简单和直接的方法就是行动起来。

任何形式的想象、设想、讨论、规划等都可能造成严重的精神内耗。既然我们已经知道了自己和人设之间是有差距的，而这个差距是需要付出实际行动才能填平的，那事情就变得非常简单了，去做吧，行动起来。做成一件事，从来都没有固定的公式和诀窍，最简单和最笨的方法就是直接付诸行动。

很多聪明的内训师，很有想法，也很有上进心，然而在成为更优秀的人的路上，总是差那么一步两步。为什么？因为行动力太差，想得多而做得少。而有些人看似资质平平，当有了想法和目标以后，不管这个事情看起来有多难，总是能第一时间去实践，最后往往能将事情做成功。

一定要把思维聚焦在"做"上，不是纠结、困惑，更不是苦恼，是要将所有的问题都在行动中解决。例如，人设是成为40来岁，依然风趣幽默且不油腻，而且专业性强的内训师，我们简单分析一下这个人设，40来岁是一个客观条件，一般是符合才立的，不需要特别努力；而"风趣幽默""不油腻""专业"则是需要刻意练习与努力才能实现的。那么，想变得风趣幽默、不油腻、专业，就去找相关的攻略、书籍等，按照上面的方法去做，去努力。以不油腻为例，如剪一个清爽的发型，不随便给人家人生建议等，这样改变几天后再去问问同事，是不是有了变化。

很多事情，先行动起来，思路就会清晰很多，心理负担也会变少，整个人也会离目标越来越近。可以这样说，"行动起来，是实现人设的最短路径"。

（二）强烈的目标感

某个调研发现，人群中有明确目标的人仅占总数的 3% 左右，绝大部分的人都没有太明确的目标，都是被一个事情接着一个事情推着走的。

而当内训师为自己立了一个较为理想的人设后，就相当于为自己确立了一个明确的目标，这相当于跑赢了 97% 的人。不管怎么说，都是值得庆祝的事。然而，要想真正实现人设，必须时刻保持强烈的目标感。

小李在成为内训师的第一天就明确了自己的目标，要成为销售类的专业讲师。小李在此之前是一个门店销售，每年都会参加很多次销售类的培训。一开始，他还觉得这些培训挺有意思，每次都能学点儿东西。可随着阅历的加深和经验的积累，他的收获越来越少。因为培训师确实会讲一些知识，但对具体的工作没有太实际的指导作用。这使他想起他第一次参加培训时，当时是和一位老员工结伴而去的，老员工在中途就溜了，还拜托他帮忙点到。当时他觉得很不解，为什么不珍惜这么难得的外出培训机会。对于那位老员工的所作所为，他现在都明白了。

说来也巧，小李因为部门的重组，获得了一次岗位调整的机会，其中一个就是内训师。集团想从一线员工中选几位口才好、实操经验丰富的人员补充进内训师的队伍，为集团的内训师队伍注入新鲜血液。小李想起了年幼时的教师梦，思虑再三后申请加入。

因为小李的实战经验丰富，口才了得，很顺利就通过了内训师的考核。受之前培训的影响，小李在成为内训师的第一天，就想为销售类培训课程做点什么，希望自己成为这个领域的专家。加上他本身的确有非常丰富的一线销售经验，很快，"一线销售专家"这个人设就被安在了小李身上。

被确立这个人设后，小李的第一反应是不好意思，第二反应是这确实是他应该努力的方向和能够实现的目标。为此，他将这个目标时时刻刻放在心上，练好授课仪态，学习授课技巧和方案设计等，不断将自己的经验和内训师的工作融合在一起。一段时间后，他还真的开发出了几个独一无二的课程，且这些课程获得了学员的广泛好评。甚至有位学员激动地拉着他的手说："我原来以为这种培训课程也就这样了，没想到还有讲得这么精彩的，这可真是我迄今为止听过最好的课程了！"

小李的同事也被他的精神所感染，越发对自己的工作认真起来，讲课水平也越来越高。年底，小李所在的部门被评为"最上进团队"，同事们都认为能拿到这个奖，最主要的功劳是小李做的。他们说，是小李赋予了这个职业新的意义，让大家看到了内训师的价值，原来认真工作的自己是闪闪发光的。

经过不断学习和进步的小李，成了名副其实的"一线销售专家"。他说，是强烈的目标感带他走到了这一步。

其实不只是内训师行业，任何一个行业都是如此，只要对一件事情抱有强烈的目标感，就会想方设法地靠近它、实现它。

（三）努力加坚持

努力加坚持是成功的唯一途径。

小陈最近的课程压力很大，他一直以观点新颖、例子有趣作为自己课程的最大特征，然而最近在备课的时候，他经常有一种江郎才尽的感觉。

他觉得最近几年，自己被授课消耗得太厉害，然而又没有时间和精力去补充新的知识和能力。一次上网时，他无意间找到了一个国外的培训视频课程。听完几节课后，他不禁为这个培训课程的设计拍案叫绝，这里面的观念、案例和自己想要做的新课程太符合了，而讲师的讲课形式也与他的风格高度契合。

起初小陈只是借鉴了课程中的一部分，再加上自己的理解，重新设计了一门课程，在第一次线下授课时，获得了高于预期的好评。小陈觉得这方法可行，此后又多次从那个视频网站上取经。只是再取经的时候，直接照搬了整个课程，甚至连里面的案例、段子也一起照搬。

最初，小陈为这种行为感到不安，但随着课程越来越受欢迎，小陈的这种不适感和不安感消失了，他对于自己照搬别的网站内容这件事情表示无所谓。甚至还将那个课程主讲人的理论体系改头换面，使之变成自己的体系。

他因此成了名噪一时的专家，记者采访、活动邀请渐多，课时费也水涨船高，一时风光无限，他得意极了。

然而，好景不长，随着他的名声越来越大，越来越多的人知道和了解了他，有人发现他的理论体系和讲课内容与国外某视频网站的培训课程非常相似。在逐一核对后，发现重合情况太高了……

小陈的专家梦也随之破碎了。

这种走捷径的做法，极不可取，轻则养成不劳而获的习惯，让人放弃自己思考、自己努力的想法；重则身败名裂，葬送自己的前程和过往的努力。

努力加坚持是实现人设路上看似最长、最慢，实则最短、最快的路。很多人都不相信自己，对自己的努力和坚持毫无信心，总觉得别人的成果更好，别人的东西更有用，在比较中越来越不自信，逐渐放弃了自己的东西。

其实不然，自己努力和坚持得来的东西，是根植于自己的基础，从自身出发且由内而外生发出来的，是别人拿不走的存在。以理论研究和创立为例，内训师提升到一定的程度，不可避免地要以理论研究为工作，以创立自己的理论体系为目标。然而在看过那么多的"大咖""大拿"的理论体系之后，自惭形秽，觉得自己的东西和他们根本无法相比，因此很快就放弃了自己的东西。然而现实的工作或人设又需要这些东西作为基础，很多内训师就走向了"借鉴"之路。殊不知，这种借鉴，会将自己推向深渊。

如果觉得一件事情很难，在开始的时候，确实可以参考和借鉴，以便站在前人的肩膀上思考问题，快速地进入该领域。但到了理论研究和创立时期，一定要亲力亲为，以自己的努力为基础，坚持学习。只要一直努力，一直坚持，总能够获得一定成功。

同时也要注意，不要给自己立太多不着边际、无法实现的人设。

三、这些细节会使你的人设崩塌

有句话叫"细节决定成败"，细节是魔鬼，一个不经意的细节，很有可能使内训师精心打造和维护的人设崩塌，遭受学员的白眼，从而难以在内训师行业中继续从事工作。下图7-5中所列的几个细节，是比较容易暴露问题，从而影响内训师人设的。

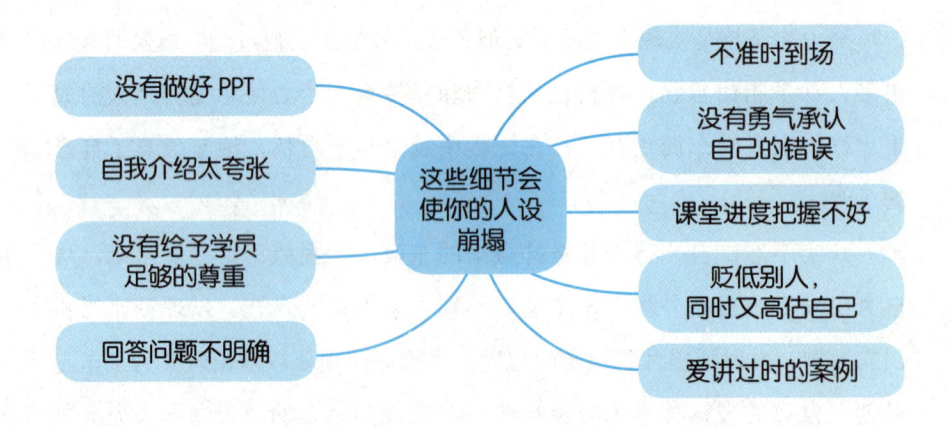

图7-5 使人设崩塌的一些细节

（一）没有做好 PPT

很多内训师在设计好一门课程后，就会一直使用同一个 PPT。也就是说，如果这个课程是五六年前打造的，那他现在依然在使用五六年前的 PPT。对于内训师自己来说，无所谓 PPT 是否美观，因为都是讲熟了的内容，PPT 只是作为提示之用。但是对于学员来说就不一样了，学员是第一次听课，老旧的 PPT 会让学员产生很不好的观感，甚至会将这种观感转移到内训师身上。有学员就曾经这样吐槽内训师的 PPT："天呐，这个 PPT 也太难看了吧，好像是刚出土的文物，这位老师不会几十年都用同一点东西糊弄学员吧！几十年前的内容能适应现在的需求吗？"

还有一些内训师，虽然 PPT 做得很好看，也很美观，然而做完 PPT 后并没有仔细检查校对，导致 PPT 中经常会出现一些错别字。对于某些学员来说，错别字是无所谓的，他的关注点不在这里，即使发现了也不会说什么；但对于另外一部分学员来说，错别字是不可以接受的低级错误，看到错别字时，他们会非常难受，甚至会在课堂中当面指出来。相信很多内训师在授课中都遇到过这样的学员，这种行为不仅拉慢了整体的进度，还会引起其他学员的注意，让大家对内训师产生不好的印象。

因此，内训师不论是在外授课，还是在外参加活动，不论学员规模如何，用心做好 PPT 是最基本的要求，当 PPT 做完之后，还要认真、仔细地过一遍。当学员与你不熟的时候，就是通过这些外在的东西判断你的价值。美观、大方、专业且没有错别字的 PPT，会让学员更快产生信任感，从而有利于培训工作的展开。

（二）自我介绍太夸张

自我介绍是内训师的一个雷区，过于平淡的介绍对人设没有帮助，还可能引起学员的不信任。为了强化自己的人设，很多内训师喜欢介绍一些比较高大上的经历，比如，一上场就非常夸张地介绍自己在××500强企业做到了××位置，是××行业协会的会员，是××专业组织的评审专家，曾经取得过××业绩等。这种长篇大论而夸张的介绍极容易引起学员的反感。事实上，学员才是整个培训活动的中心，在自我介绍的时候，不必过于突出强调自己的经历，可以在培训过程中，适当地将自己的经历和成就嵌入其中，以一种学员能够接受，又能提高自己威信的形式推出自己的经历。

（三）没有给予学员足够的尊重

无论是什么水平的内训师，从站在讲台的那一刻起，学员都会对其报以最基本的尊重。但是在这之后，能否获得学员的持续尊重，就要看内训师自己的表现了。有些内训师在说话的时候比较傲慢，面对与自己意见不同的学员，喜欢给对方贴标签。如："你们这些'00后'如何如何""你们这些新销售如何如何""你们这些私企员工如何如何"等。这些标签加上"你们"这个主语，会让人感到非常不适。无论哪种级别的学员参加培训，内训师都要给予他们基本的尊重，这样，学员也能以尊重回报你。如果内训师张口闭口都是"你们这些……"很容易引起学员的反感，从而失去学员的基本尊重。

（四）回答问题不明确

一般在培训结束的尾声，都会安排学员提问的环节。面对学员的提问，最好的方式就是直面学员的问题，回答时直奔要害，一针见血。

有些内训师爱故弄玄虚，在回答问题前，非要先讲一堆不着边际的大道理，然后再给出一个似是而非的答案，最后再加上一句课堂回答技巧："我这样讲，能够解答你的疑惑吗？"这句反问，让学员即使有问题也不好再继续下去，只好以感谢收场了。表面上看，这个学员的问题得到了回答，内训师也输出了他的观点。然而实际上，这样的答案对于回答学员的问题并没有帮助，提问的学员依然感到困惑，而其他旁听的学员也能觉察到内训师的"糊弄"，从而对内训师感到失望，严重的甚至会质疑内训师的水平。

还有一些内训师，虽然表达能力很强，却总是耐不下心来听学员的问题。学员抛出一个问题后，内训师根据他听到的内容，完全领会成了另一个意思，然后根据自己领会到的意思输出。学员问的是 A 问题，得到的却是 B 答案，效果可想而知。

因此，对于内训师来说，学员的提问环节是应该认真重视起来的。很多内训师讲课很有一套，却不知道如何在课程结束后面对学员的提问，不论是顾左右而言他也好，还是牛头不对马嘴也好，对内训师的人设破坏性都很强。面对学员的这些提问，最好的回答方式就是直面问题本身，回答时一针见血。然而这种一针见血不是一下子就能达成的，需要丰厚的理论知识和经验作为托底。

（五）不准时到场

如果要问内训师人设崩塌最快的方式是什么，那一定是迟到。在快节奏的社会中，不论是谁，都非常珍惜自己的时间，没有人喜欢无缘无故浪费一大段时间等另一个人，学员也一样。每个学员都希望能顺顺利利接受完培训，赶紧回到自己的工作岗位中。因此，内训师的迟到现象是学员尤为反感的。

对于内训师来说，不仅不应该迟到，反而要早一点到现场做好准备工作。试想，有这样一位内训师，原定的上课时间是上午 9:00，可上午 9:10，他才急匆匆地赶来教室，然后开始连接电脑，打开 PPT，调试设备等。等做完这些，已经 9:30 了，这才开始上课。表面上，他迟到了 10 分钟，但加上调试准备时间，他可能使课程推迟半个小时左右！因此，要尽量避免迟到。

从更广义的角度说，内训师是否迟到指的是正式开始上课的时间和原定的上课时间是否推迟。内训师应该及早为课程做好准备。在学员落座之前，调试好设备，准备好课件、激光笔、麦克风等，并播放适当的暖场音乐欢迎学员。

还有一些内训师不太注意自己的形象，穿着很随意，再加上迟到等因素，整个人看上去匆忙且狼狈。这点也需要注意，内训师要以一个专业的形象出现在学员面前，给予学员最基本的尊重。

（六）没有勇气承认自己的错误

金无足赤，人无完人。即使是资深的内训师，在课堂上也有说错话的时候，也有记错概念和知识的时候。此时，如果有学员当场指出来，千万不要攻击那个指出错误的学员，那样会给人"小肚鸡肠"的印象，尽管在当下看似为自己挣回了面子，实际上却失去了人心。如果真的有这样的情况，在确认是自己的问题和错误后，应该大大方方地承认自己的问题和错误，并向指出问题的学员表示感谢。话虽如此，但当着学员的面承认自己的错误，对于任何一位内训师来说都是极大的挑战，需要有极大的勇气。但从内训师整体人设的角度考虑，坦诚地面对自己的错误，是每个内训师必须做到的事情。

(七)课堂进度把握不好

如果要问学生,最反感老师做什么样的行为,那拖堂一定是排第一位的。当他们步入社会成为职员参加企业内训时,依然会将拖堂作为最讨厌的行为之一。

参加企业内训的学员虽然不像学生一样,想着下课跑出去玩耍,但在课后也有自己的安排。比如约了人谈事情,赶班车,去学校接孩子,食堂的用餐时间限制等。如果不能及时下课,学员虽然嘴上不能说什么,可是内心中却是一万个着急。长此以往,对内训师的形象和人设一定会产生不好的印象。

不论是学校中的老师也好,还是企业集训中的内训师也好,拖堂都有个共同的理由,就是本着为学员负责的态度,多讲一些内容。

但实际上,拖堂确实是内训师的一种"自作多情"的行为,比起自己的课后安排,学员们会认为课堂中拖堂讲授的那些东西确实没有那么重要。甚至有些学员在到时间后,即使人还在课堂上,心也不在这里了,拖堂讲的那些东西根本就没有听进去。因此,在讲课前,内训师要为自己的课程做好规划,多长的时间讲多少体量的内容。上课的时候,尽量控制好进度,不要讲太多无关的内容。严格做好自己的课堂管理,这样,就不需要额外拖堂来完成课程内容了。

(八)贬低别人,同时又高估自己

内训师人设崩塌的另一个方式,就是在不自觉中贬低自己或者高估自己。我们知道,在内训中,经常是一个讲师接着一个讲师为学员上课。很多内训师在上课之前,或许是出于调动学员气氛的目的,或许是出于衔接的目的,总喜欢评价上一位讲师的授课内容或授课风格,才开始讲自己的课程。这种方式无可厚非，可偏偏有些内训师把握不好度，说的话就会遭到学员的嫌弃。

在一次集训中，前一位内训师讲的课程偏理论，但是内容却深入浅出，学员们听后受益匪浅，都觉得他讲的很有水平，有大学者的风范。然而，接下来的一位内训师却说："刚刚那位老师讲的内容非常高大上，想必各位学员对问题还有不少困惑，接下来我就来点实在的，给大家讲点接地气的内容……"这句开场白其实已经引起了部分学员的不满，但他们还是耐下心来听这位内训师的课程，想看看他究竟有什么过人之处。然而在整个课程中，这位内训师并没有什么独到之处，内容混乱，既没有接地气，理论也不成体系，致使台下学员们嘘声一片。

（九）爱讲过时的案例

有些内训师偏爱讲一些过时的案例，例如，如何将梳子卖给和尚等。这些案例学员们已经耳熟能详了，这时再讲，如果没有新的立意或角度，势必引起学员的反感。

有些内训师，在有了一定的阅历和经验之后，整个人容易变得不思进取，知识体系也变得僵化了，总是喜欢用老一套的东西教育学员，讲一些自以为很幽默实际上却很老套的例子。这种行为是非常不可取的。内训师自己要想在培训领域做出成绩，不被抛弃，就一定要与时俱进，不断自我更新和"去油"，更新升级自己的知识体系。

有句话叫"病从口入，祸从口出"。内训师是用语言来工作的，在不断说话的过程中，一定要时刻提醒自己，不要说一些不合时宜的话，不要说遭人讨厌的话。要管住自己的嘴，千万不要逞一时口舌之快。

第三节 破除万难让人看见

一、最重要的是被看见

很多内训师在为自己立了人设以后，就没有下一步计划了。他所立的这个人设，既不让学员知道，更不让同事朋友知道。仿佛是一个秘密，小心翼翼地藏在自己的心中。虽然说出来大家都会觉得很可笑，怎么会有人这样对待自己的人设呢？然而这就是大部分内训师对待自己人设的态度，害羞、不好意思、不愿意被看到，如图7-6所示。

重要性

01 人设类似于产品介绍

02 被人议论是好事，不要因此而退缩

03 最重要的是被看见

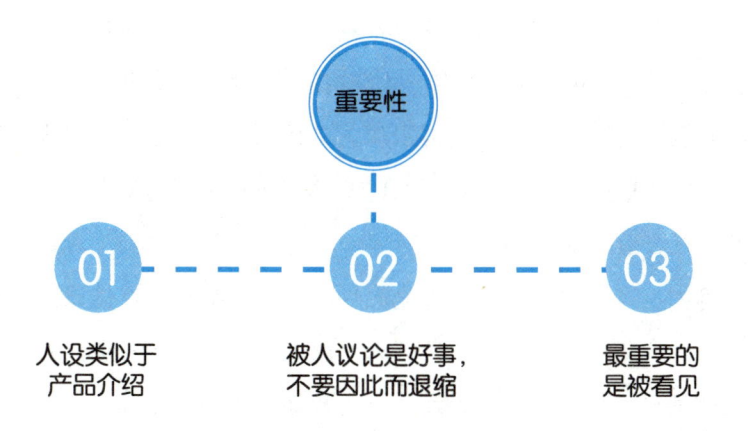

图7-6 人设被看见的重要性

（一）人设其实就是产品介绍

我们必须明确一点，所谓的立人设，就是要告诉所有人，你是一个怎样的人，具有怎样的特点，可以为别人解决怎样的问题。如果将内训师比作为学员提供培训解决方案的产品，那内训师的人设就相当于产品的介绍说明。一个不太了解内训师工作的人员想要为学员定制一个培训方案，就是靠这些内训师的产品说明来制定的。在第一次向别人介绍自己的时候，使用的大概率就是人设。

其实这样的情况很常见，有些工作人员在拿不准这个内训师到底水平怎样时，能讲哪些课程时，会优先向与这位内训师有过接触的工作人员打听消息，再做判断。而那位工作人员从经验上对内训师的判断其实也是内训师人设的一部分。

内训师不光要自己立人设，还要自己维护人设，向所有与之接触的人都传达一个信息："我就是一位具有××特征的内训师，我擅长讲××课程，我能够帮助学员解决××问题，当贵公司在培训中有××困扰的时候，可以来找我。"

内训师的人设就如同一个产品的介绍说明，我们在购买和使用产品之前，一定会先了解产品的功能特点，能够为自己解决什么问题，能够在什么场景中使用这个产品等，才会决定是否购买。内训师也是一样的，在某种程度上，内训师也是被工作人员挑选的"产品"，安排内训的工作人员需要根据学员的需求安排课程，再根据内训师的特点，挑选内训师，将其放在合适的位置上。

例如，有些内训师的人设是暖场小王子，那么，在排课的时候，工作人员就会优先将他安排在第一课，用来暖场和破冰；有些内训师的人设是幽默风趣让学员爆笑连连而又干货满满的帅气讲师，那么，工作人员通常会将其安排在下午的大课堂中，因为大家下午的注意力没有上午集中，需要幽默风趣的讲师吸引大家的注意力，而爆笑连连的氛围又特别适合大课堂。

（二）被人议论是好事，不要因此而退缩

有些人所立的人设不怕在课堂中宣传，却很害怕被自己的同事朋友知道，因此总是遮遮掩掩。因为他害怕被周围的人议论或笑话，其实这大可不必。

还有一些情况是，有些内训师觉得自己什么方面都挺一般，都有比自己强的同事。好不容易找到一个人设，却发现同事在这方面比自己更强，因此完全没有信心在同事面前透露自己的人设是什么。

这种心情虽然很能够被理解，但作为一名内训师来说，要勇敢地去破除心中因不如人而导致的不敢。身处内训师这个行业，我们永远都会遇见各方面都比自己强的内训师，但那又怎样呢？我们不能因此就不做自己的工作了。专业性很强的内训师有他的市场和学员，普通的内训师也有自己的市场和学员。只要学员有需求和期待，我们就要大方地展示自己的人设。

从学员的角度来说，他们需要的是能够为他们解决当下问题的内训师，这与内训师自身是否是这个领域的顶尖关系不是很大，有很大一批内训师是能够为学员提供服务并为他们很好地解决问题的。

如果只是因为内训师本身的不好意思或不敢而不为自己立这样的人设，从而导致资源的错配或者浪费，是非常可惜的。

还有一些内训师害怕为自己立了这样的人设以后会因此被人议论，感觉不好意思。这也很没有必要，即使被人议论，大大方方走过去，问他们在议论什么，自己哪些地方需要改进，自己差在哪里了，用最真诚的态度去面对别人的议论，相信别人也会给出最真诚的意见。"当局者

迷，旁观者清"，外人是看得最清楚的，他们的那些看似不友好的议论，也许就是最直击要害的建议。

（三）最重要的是被看见

为什么商家要花大价钱为自己的产品投放广告？因为产品需要被看见，只有被看见，才会产生流量，而有流量，就有被购买的可能。内训师也是一样的，最重要的是被看见，只要被看见，就会有人记住你，只要有人记住你，就会产生影响力。

很多内训师对自己是否有曝光度这件事很佛系，有也可以，没有也没关系；除了日常的上课外，很少刻意去追求自己的曝光度，坚信"酒香不怕巷子深"。这种观点和态度对于认认真真、踏踏实实搞科研的专家学者来说当然没有问题，但问题是我们是一名内训师，内训师的这一个身份决定我们不能只沉浸在书斋中搞自己的学问。

什么是内训师？内训师是为企业做培训的讲师，内训师的身份首先是讲师，而不是学者。内训师主要的影响力是靠和学员之间的互动获得，学员的认可和追随成就了内训师的职业生命。如果一个内训师没有一点知名度，更没有一点曝光度，那又有谁会请他讲课呢？这也是为什么很多内训师是从某个领域的精英转变而来的主要原因，因为他们原来就有一定的知名度和曝光度，他们天然带有权威性。因此，对于一名内训师来说，最重要的是被看见。不论是线下的"被看见"，还是线上的"被看见"；不论是工作中的"被看见"，还是个人想办法在社交平台中"被看见"。

被看见一方面是获得了曝光度，被学员记住和认可；另一方面也是看见学员、看见问题的过程。做培训不是孤芳自赏，不是闭门造车，而是需要解决学员的实际问题。如何解决学员的实际问题呢？必须要去了解学员，不去接触和了解学员，如何知道学员的实际问题是什么呢？现在的很多内训师根据自己的想象，为自己的课程设了几个靶子，即假想了几个学员可能存在的问题，再根据自己的假想去解决学员的问题，这样的效果可想而知。因此，被学员看见也是看见学员的一个过程，在这个过程中，内训师获得了曝光度，同时又收集了学员的问题。

二、多试试这几个渠道

（一）传统的线下课堂

传统的线下课堂是内训师的主战场，一般的内训师在进入行业之初，都是一个线下教室接着一个线下教室地去上课，对于这种传统的线下课堂，很多内训师都有着很深厚的情感。甚至有些内训师在成为大咖以后，也愿意回到线下的小课堂与学员们交流。这种传统的线下课堂也是内训师被看见的主要渠道，主要呈现出以下几个方面的特征。

第一，以班级教学为主，单次的学员少且散。

传统的线下教学以班级教学为主，一个班级的规模在30～200人，每一个课堂都需要内训师从头到尾认真地讲。效率低、学员少，并且这些学员比较零散，有些是这个部门的，有些又是那个行业的，没有很强的组织性。一般来说，工作人员会把有需要的学员安排在一起，再找合适的内训师上课。

第二，课后与学员之间的联系少。

上完课后，内训师和学员之前的互动联系较少。一般上完课，内训师讲完规定的课程就算完成了任务，学员们接受了培训也算完成了任务。内训师和学员之间很少会建立联系，换句话说，学员和内训师之间的黏性很弱。说句夸张的话，从课堂中走出去，绝大多数学员不会再和内训师见面了。

第三，对内训师个人推广作用不强。

这种线下的课堂主要突出的是培训服务，而不是内训师个人。内训师个人的个性不允许太过于凸显，中规中矩完成任务即可。大部分学员是带着培训目的来的，自身并不一定有很强的学习动力，因此也不一定是内训师的主要受众。内训师当然可以在课堂上对自己的个人 IP 做一定的推广，但转化率可能比较低，不一定有多少学员能够被吸引。当然，这和内训师的课堂教学质量也有很大的关系，如果内训师的课讲得非常精彩，那对学员的吸引也是立竿见影的。

第四，一次性线下课堂是大部分内训师的主渠道。

绝大部分刚入行的内训师都会被安排到线下课堂去授课。这种线下课堂一次性授课面对的学员少，容错率高，即使内训师讲得不太好也比较容易补救；学员的信息可控，不会出现太大的教学事故，是绝大部分内训师被看到的主要渠道。

第五，互动性强，能快速发现并解决问题。

线下传统课堂的互动性极强，几乎能照顾到所有学员的疑问，如果学员有疑问的话，能够在当下被立刻解决。这对于内训师个人魅力的提升有很大的帮助。线下课堂的突发状况多，内训师因此要处理一些突发问题，非常考验内训师的智慧。

（二）传统的线上课堂

线上课堂的组织形式和线下课堂相似，是线下课堂的放大版。线上课堂是最近几年才被大规模推广的一种教学方式。与传统的线下课堂教学相比，它有着自己独有的特征，主要表现为如下几点。

第一，学员多，规模大。

线上课堂的主要特征是可复制、可传播，因此，只要有需求，线上课程可以被复制成千千万万份。线上课堂又被分为直播课和录播课，以及将直播课剪辑后再次传播的录播课。这种课程的学员极多，很多企业一次性都会召集几千人甚至上万人上线观看。

第二，门槛高，不是所有的内训师都能参加。

学员多、规模大的特征决定这样的课程不是随便哪个内训师都可以上的，上课的内训师必须经过千挑万选。一般来说，会选择镜头感强、经验丰富的资深内训师来上这种课程。那对于年轻的内训师来说，是不是意味着完全没有机会了呢？其实也不尽然。由于需要上镜，一般会挑选形象好、气质佳、网感好的内训师，而这几点正是年轻内训师的特长和优点。年轻内训师可以着重提升自己的课程品质，以获得线上授课的机会。

第三，对课程的要求高。

线上授课时，会有几万名学员同时在线听，如果课程逻辑性不强，拖拖拉拉，势必会引起大部门学员的反感，从而退出课程。线上授课的场景和线下授课不一样，没办法直接将学员禁锢在一个空间内。因此，线上授课时，需要内训师用密集的爆点来获取学员持续的关注，与此同时，课程本身还要干货满满。一般来说，这类线上的课程在正式上线前都会经过多轮试验和调试，直到整个课程的节奏和逻辑完全没有问题为止。

第四，曝光度高。

线上课程的学员人数多，获得的曝光度也高。讲一次线下课程获得的曝光量是30～200，而讲一次线上课程获得的曝光则是几万以上，数量差别很大。这也是很多内训师积极加入线上授课的原因，一次授课获得的曝光可能是之前几年授课的累加。

（三）一些商业活动

一些商业活动也能获得很好的曝光，不过这些商业活动和线上授课一样，门槛相对较高。一般主办方会邀请有很大名气的内训师参加活动，本身就希望内训师能给活动带来流量。不过这些都是相互的，内训师在给活动带来流量的同时，活动也给他带来了曝光度，同时也为他带去了一部分流量。

从普通内训师到能够为商业活动站台的内训师大咖，或许还有很长一段路要走，但只要内训师坚持在一个领域和赛道中深耕，就能获得很好的回报。

（四）运营个人的 IP 账号

在社交平台上运营个人的 IP 账号，是普通的内训师能够获得流量的另一种方法。这种方法对于年轻的内训师来说，相对友好。内训师可以在微博、抖音、小红书等平台上运营个人的账号，以获得高的曝光率。以对内训师来说比较适合出镜的抖音和小红书为例，可以这样运营自己的 IP 账号。

1. 运营一个抖音 IP 账号

抖音可以说是当下最火的互联网平台，据统计，抖音目前的总用户数量已经超过 8 亿，日活 7 亿，人均单日使用时长超过 2 小时，抖音是一个以内容为王的平台，不论是从首页的设计还是从短视频的推送规则等都可以看出，它在一定程度上弱化了发布者的信息，而强化了短视频本身的吸引力。

内训师要想在这个平台上运营自己的 IP 账号，获得高的曝光，就要找准自身的内容定位。要想一想，自己的内容生产能力是不是强于一般人，自己的内容生产成本是不是低于一般人。只有以更少的成本产出更多优质的内容，才能在抖音平台上做好运营。运营抖音时，先要对账号进行定位。内训师如果把握不好定位，不妨用 Dou+ 做抖音的账号定位。

第一，确定账号类型并找到相关达人号。

在抖音上选择一个与你相关性很强的作品，再点击页面右下角的 Dou+ 上热门，选择其中的"达人相似粉丝推荐"中的"+"号，就会出来达人分类，能看到游戏、动漫、奢侈品、测评等分类。再结合自身的行业和优势，选择一类适合自己的内容。在确定自己内容定位的情况下，也可以根据这个方法找到与自己内容关联度高的达人账号。

第二，小范围投放 Dou+。

根据确定的账号类型，制作 10 条左右的相关视频，然后将这些视频中点赞数比较高的几条，用 Dou+ 投放给前面找到的与自己内容关联度高的达人粉丝看，进行精准蹭粉。这时候，就能测评出视频内容的好坏了，好的内容一定会获得更多的流量扶持，而好的视频也是这个账号今后努力的方向。

第三，持续扩大再生产。

通过前面的方法找准视频定位后，不断地调整视频的细节，保持一定的更新频率，当出现爆款内容时，再有计划地投 Dou+，一步一步慢慢积累粉丝。不要一开始就将时间和精力花在粉丝上，当视频内容不够理想的时候，就算转化过来一定量的粉丝，也留不住。

2. 打造一篇小红书爆款

小红书的平台与其他的平台有所不同，有着极其鲜明的特征，曾有人这样调侃自己："上午在微博发疯，下午在小红书岁月静好，晚上在抖音'刘畊宏'。"说的就是这几个平台之间的不同特征，因此，打造小红书曝款除了需要老生常谈的优质内容外，还要根据平台的特征找准方向。内训师在小红书上运营自己的账号时，可以从以下几个方面发力。

第一，选一个更有利于曝光的话题。

小红书中每一篇笔记的发布都不能随心所欲，而要选择一定的对应话题，每个话题会有对应的指数，都是可以参与关键词排名的。因此在选择话题的时候一定要选择一个与自己的内容相关且指数较高的话题。

第二，选择尺寸合适、清晰的图片。

在读图时代，图片是与文字同等重要的存在。小红书的笔记同样如此，一般以图文结合为主。由于小红书图片的全屏显示比例为3:4，因此最好选用靠近这个比例尺寸的图片。另外，一定要调高自己图片的清晰度，毕竟，谁也不想看一堆模糊的图片。

第三，发布一些能引起讨论的笔记内容。

对于笔记内容来说，枯燥和平铺直叙是最忌讳的。最好是发布一些能引起讨论的内容，从而带动笔记的互动。要注意的是，不要在评论区用激烈的或侮辱性词语。

三、珍惜被看见的每一个机会

有人说，在互联网时代，每个人都是作者，但不是每个作者都拥有自己的读者。换句话说，流量来之不易，每一个被看见的机会都值得珍惜，如图7-7所示。

有些内训师对此不以为然，因为内训师的日常工作就是授课，久而久之，就对授课这件事产生厌倦，上课时心不在焉，授课案例长期不更换，没用的话来回说……时间长了，学员就不买账了。

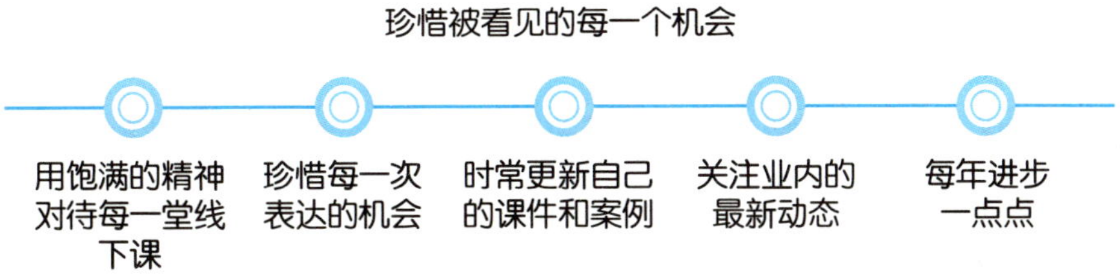

珍惜被看见的每一个机会

用饱满的精神对待每一堂线下课 — 珍惜每一次表达的机会 — 时常更新自己的课件和案例 — 关注业内的最新动态 — 每年进步一点点

图 7-7　内训师提升自我的途径和态度

（一）用饱满的精神对待每一堂线下课

虽然每一次线下课能接触的学员很少，获得的曝光度很少，课后与学员产生的联系也很少，但这不意味着线下课是可以被随意糊弄的。恰恰相反，每一位内训师都应该用饱满的精神对待每一堂线下课。每一次的线下课都是内训师成长的机会，正因为关注度低，容错率高，内训师可以尽情地在线下课实现自己的课程构想。

有些内训师天马行空，设置了很多奇奇怪怪别人都不理解的环节和内容。这时候内训师可以在他的小班中先行实验这个课程，如果成功了，就能够继续推行；还有一些内训师第一次讲课，非常紧张，完全不知道怎么面对学员，一次一次的线下教学可以缓解他的紧张感，帮他成长为一位成熟的内训师；还有些内训师已经很成熟了，但依然认真对待每一堂线下课，一方面是他的职业素养体现，另一方面他也能从认真上课中获得作为内训师的价值。线下课程虽然在曝光量上不会给予太大的帮助，却能在其他方面帮助内训师一点一点成长。

（二）珍惜每一次表达的机会

在这个互联网的时代，表达的机会看似很多，但真正能被人注意的表达机会却不多。内训师可以以讲师的身份站在讲台上为学员授业解惑，学员也给予了内训师这样一次表达的机会，内训师应倍加珍惜。不要小看每一次的授课，在这个课程中，所传递的观点、观念、案例都会像种子一样在学员心中种下，在学员未来的工作中产生影响。

老张从业十几年，一直上的都是几十人的小班，从来没有上过直播课或者出去参加过活动。对此，别人都替他感到可惜，但他自己倒是知足常乐，觉得现在这样也挺好。有人不解，问他为什么这样安于现状。他讲了这样一个小故事：

"前几年，我在超市购物的时候，碰到了一个一眼望去事业蛮成功的中年人一直盯着我看，我就对他笑了笑，谁知道他竟然过来问我是不是张老师，我说是啊。他竟然很激动地握着我的手说：'张老师啊，我可算找到你了，我××年的时候在××地方上过你的课，你还记得吗？'

"我一脸茫然，教过的学生太多了，而且大部分学生只有两三面之缘，怎么能记得那么清楚呢。

"那人也不管我想没想起来，只管拉着我的手说：'张老师呀，可真的太谢谢你了，你当时在课上跟我们分享匠心精神，说该如何把这种精神用到本职工作中，这对我的帮助也太大了。原本我的工作干得马马虎虎，但是总觉得钱不够，所以一直在副业上动脑筋。听了你的话之后，我仔细想想，还是应该把时间和精力花在本职工作上面。从那之后，我就慢慢把副业停掉，逐渐把所有精力都放在了本职工作上。因为我的出色表现，很快就被提拔成部门经理。成为部门经理后，我能接触到的资源和信息更多了。每次我觉得很累或者想要放弃的时候，就会想想你的这个词——匠心精神，竟然一点一点坚持下来了。前两年，正好有一个不错的机会，我就跳出来自己单干了，还真别说，现在是越干越好了。如果没有你的点拨，我估计现在还在一边做专员，一边吭哧吭哧做副业呢！'

"我当时明白过来了，工匠精神是我很推崇的一种工作态度，也是我在很多培训课中都会提到的一个词。我教过那么多的学员，就有因为这个词受到启发而改变命运的。我也觉得很激动，看来自己这么多年的坚持是有用的。我在课堂中的每一次表达总会慢慢生效的。"

（三）时常更新自己的课件和案例

很多内训师有经验后，对自己的课件和案例满不在乎，五六年前的依然再用，甚至还有在用十多年前的。课件和案例是很好地展示内训师能力的窗口，在每一次上课前，花费几十分钟重新浏览一下这次课的课件和案例，看看有没有可以更新和优化的地方，如果有，及时更新过来。很多次的小更新，会给整个课件的品质带来质的飞越。案例也是一样，坚持用经典的案例、新鲜的案例、有代表性的案例，能够让整个课程更加新鲜精彩。

（四）关注业内的最新动态

俗话说，干一行，爱一行。培训也是一样，不论做哪个领域的培训，都要时常关注那个领域的最新动态，最前沿的信息，并将这些动态和信息更新进自己的课程中。课堂也是学员获取信息的一个渠道，如果一个内训师讲的内容都非常陈旧，信息都是学员知道的，概念也是学员了解的，那么，这个学员为什么还要花钱花时间来听你的课程呢？所以，要为学员提供有价值的课程，而那些学员不一定会关注到的最新的动态和信息就是课程价值的一部分。

（五）每年进步一点点

让一名内训师快速成为行业大咖是不可能的，即使是成为资深的内训师，也不是随便三五年就能做到的。在内训师行业，有太多人在入行两三年后因毫无长进而离开了。留下来的，都是对这个职业有着深深的热爱，并且愿意在这个行业中深耕的人。他们每年都在学习新的知识、新的理论，拥抱新的变化，日积月累，最终才能成为一名出色的内训师，这些都是需要时间历练的。这时，不妨给自己定一个小一点儿的目标，每年进步一点点，例如，去年只会讲课，今年除了能熟练的讲课外，还能自己设计课程了。别小看每年的这一点儿小进步，只要一直坚持在这个行业，只要一直在这个领域深耕，日积月累，就能成为这个行业中的佼佼者。